主　编　徐耀新　　副主编　刘谨胜

精彩江苏 | Wonderful Jiangsu |
历史文化名城名镇名村系列

名镇

安丰镇

江苏人民出版社

图书在版编目（CIP）数据

历史文化名城名镇名村系列. 安丰镇 / 徐耀新主编
. -- 南京：江苏人民出版社，2017.12
（"精彩江苏"丛书）
ISBN 978-7-214-21752-3

Ⅰ. ①历… Ⅱ. ①徐… Ⅲ. ①乡镇 – 介绍 – 盐城
Ⅳ. ①K925.3

中国版本图书馆CIP数据核字（2017）第317690号

书　　名	历史文化名城名镇名村系列 · 安丰镇
主　　编	徐耀新
策划编辑	戴宁宁
责任编辑	金书羽
装帧设计	刘葶葶
出版发行	江苏人民出版社
出版社地址	南京市湖南路1号A楼，邮编：210009
出版社网址	http://www.jspph.com
照　　排	江苏凤凰制版有限公司
印　　刷	江苏凤凰新华印务有限公司
开　　本	889毫米 × 1 194毫米　1/32
印　　张	4.625　插页　2
字　　数	72千字
版　　次	2019年1月第1版　2019年1月第1次印刷
标准书号	ISBN 978-7-214-21752-3
定　　价	42.00元

本书撰稿：吴锡华　高晓明　顾礼学　王文莉

“精彩江苏”丛书总序

江苏省省长　吴政隆

中华文化源远流长，在5000多年文明发展中孕育的优秀传统文化，在党和人民伟大斗争中孕育的革命文化和社会主义先进文化，积淀着中华民族最深层的精神追求，代表着中华民族独特的精神标识。

江苏是中华文明的重要发祥地之一，在这片美丽富饶的土地上，黄河文明和长江文明交汇融合，自然景观与人文景观交相辉映，孕育了具有鲜明特色的地域文化。无论是诸多自然景观还是各类古迹遗存，都散发着浓郁的文化气息，承载着厚重的文化记忆。纵观楚汉文化、吴文化、金陵文化、淮扬文化以及京口文化、江海文化、海盐文化，无一不因精彩而得以世代传承，无一不是我们讲好江苏故事的生动素材。

江苏多出文化精品。在悠久的历史文化长河中，创造了南京云锦、宜兴紫砂、扬州漆器、苏州刺绣、惠山泥人、江南丝竹等享誉海内外的艺术精品和精湛技艺。源于江苏的中国最古老剧种——昆曲，已有600多年历史，集诗、乐、歌、舞、戏之美于一身，被誉为“百戏之祖”。目前，我省共有10个项目入选联合国教科文组织人类非物质文化遗产代表作名录，146个项目入选国家级非物质文化遗产名录，这些都是人类文化的共同财富。

江苏多产文化名家。历史上名人辈出、名篇纷呈，孙武的《孙子兵法》、枚乘的《七发》、刘义庆的《世说新语》、刘勰的《文心雕龙》、施耐庵的《水浒传》、吴承恩的《西游记》、冯梦龙的“三言”、曹雪芹的《红楼梦》、刘鹗的《老残游记》等众多鸿篇巨著均在中华文化典藏中熠熠生辉，吴门画派、金陵画派、扬州画派及上世纪60年代形成的新金陵画派各呈风神，顾恺之、张旭、沈周、龚贤、郑板桥等古代书画家，以及徐悲鸿、刘海粟、陈之佛、李可染、傅抱石、林散之等现当代书画家均享誉世界。

江苏多有文化遗存。拥有世界文化遗产3处、全国重点文物保护单位226处、各级各类博物馆292家，不可移动文物超过2万处，国有可移动文物近百万件（套）。拥有国家历史文化名城13座，大运河江苏段是沿线文化遗产最密集、类型最丰富的河段。江苏还有着丰富的红色文化资源，很多革命先辈在这里留下战斗的足迹，形成了雨花英烈精神、铁军精神等具有江苏特色的红色文化品牌。

党的十九大报告指出，文化兴国运兴，文化强民族强。没有高度的文化自信，没有文化的繁荣兴盛，就没有中华民族伟大复兴。江苏优秀传统文化是我们世代传承的文化根脉、文化基因，不仅铸就了历史的辉煌，而且在今天仍然闪耀着时代的光芒，是我们坚定文化自信的深厚基础。我们要以习近平新时代中国特色社会主义思想为指引，深入挖掘优秀传统文化蕴含的思想观念、人文精神、道德规范，进一步坚定文化自信，推动社会主义文化繁荣兴盛。

省文化厅组织编写“精彩江苏”丛书，内容涵盖历史文化名城名镇名村、地方戏曲、书画艺术、红色文化等多个方面，是江苏优秀传统文化的集中展示，也是延展千年文脉、推动文化建设、凝聚精神力量的创新实践。希望“精彩江苏”丛书高水平讲好江苏故事，让小小“口袋书”发挥大作用，让一代一代江苏人更好地品味缕缕书香、延续文化记忆，让江苏的历史遗存和传统文化在新时代绽放新的精彩，为书写新时代中国特色社会主义伟大事业江苏新篇章提供强大精神动力和文化支撑。

留住“乡愁”

——“历史文化名城名镇名村系列”序

徐耀新

“举头望明月，低头思故乡”；“露从今夜白，月是故乡明”。李、杜的这两句千古名诗，表达了中国人的乡愁情结。乡愁是对故乡永远的思念和情愫，是割不断的文化记忆。习近平总书记在2013年中央城镇化工作会议上指出，要让人“望得见山、看得见水、记得住乡愁”，这一重要论述指明了在城镇化历史巨变中要努力留住“乡愁”的方向。历史文化名城名镇名村承载着厚重的历史记忆，传承着丰富的文化传统，彰显着浓郁的地域文化，是“乡愁”的重要载体。

作为华夏长江文化的发祥地之一，江苏孕育并保存了一批特色鲜明、底蕴深厚的历史文化名城名镇名村，它们的历史和特征可概括为如下几点：

数量领先。江苏现有50个国家级历史文化名城名镇名村，总量位居全国各省（区、市）前列。2016年，高邮市被国务院列为国家历史文化名城，成为我省第13个、全国第130个国家历史文化名城，江苏数量位居全国第一。目前，全省拥有中国历史文化名镇27个，中国历史文化名村10个，有省级历史文化名城4个、名镇13个、名村8个。

文化多元。从地域上来看，江苏历史文化总体上南秀北雄、吴楚分明，使江苏历史文化名城名镇名村呈现出文化的多样性。例如：国家历史文化名城苏州是吴文化的中心城市，其文化特质是上善若水、柔中蓄劲、人巧天工，赋予了中华儿女“杏花春雨江南”的家园情怀；国家历史文化名城徐州是楚汉文化的中心城市，其文化特质则迥异于苏州，表现为刚强雄浑、尚武崇文、勇于竞争。

风貌各异。江苏境内山水平原交错，河流湖泊纵横，临水建城，倚山建乡，数千年的文化积淀形成了独特的古城古镇古村风貌。“君到姑苏见，人家尽枕河。古宫闲地少，水港小桥多。”苏州至今仍保留着“水陆并行、河街相邻”的格局风貌。“尽道隋亡为此河，至今千里赖通波”，京杭大运河流经我省8座国家历史文化名城、19座中国历史文化名镇、7座中国历史文化名村，沿线人口稠密、城镇密集、经济繁荣、文化昌盛，有着独特的自然人文景观。苏州的古典园林、镇江的宋元古街、扬州的明清老巷、泰州的明清民居等令人驻足，留连忘返。

类型多样。江苏的历史文化名城大致可分为五种类型：古都型（南京）、传统风貌型（苏州）、风景名胜型（无锡、扬州、镇江、常熟）、一般史迹型（徐州、常州）、近代史迹型（南通）、特殊职能型（淮安、泰州、宜兴、高邮）；名镇名村也可分为五种类型：乡土民俗型（周庄、淳溪等）、传统文化型（溱潼、凤凰等）、革命历史型（黄桥、沙家浜等）、商贸交通型（孟河、礼社等）、名人故里型（陆巷等）。

保护好江苏历史文化名城名镇名村的特色，延续好江苏历史文化名城名镇名村的传统格局和历史风貌，就能为我们的家园情怀留下栖息之所。只有留住“乡愁”，才能“记得住乡愁”。江苏省第十三次党代会把推进新型城镇化和城乡发展一体化作为经济转型升级的重要内容，明确要求大力保护历史文化名城名镇名村。保护和利用好江苏历史文化名城名镇名村，最重要的是传承历史文化、保持自身特色，防止千城一面、千篇一律，杜绝盲目破坏性开发建设。要加强历史文化名城名镇名村传统文化的挖掘和整理，提炼传统文化符号；尊重历史文化名城名镇名村中人与环境、人与自然和谐相处的生产生活方式；充分发掘传统艺术、传统民俗、人文典故、地域风情等非物质文化资源，彰显城乡传统建筑、城镇历史街区和乡村农耕水利、生态环境的独特魅力。

编撰“精彩江苏”丛书之“历史文化名城名镇名村系列”，是提炼江苏历史文化符号的切实举措，是创新开展江苏历史文化资源研究的具体实践，对于充分展示江苏地方特色文化、打造“精彩江苏”文化品牌具有重要意义。本系列共50本，涵盖我省50座国家级历史文化名城名镇名村，兼具文学性与史学性，展现了江苏历史演变中岁月累积的文化智慧与古物风貌，彰显了江苏人民的文化自信与自觉。丛书采用“口袋本”的形式，深入浅出，图文并茂，装帧精美，便携易读。

期待通过丛书的传播与利用，进一步宣传好、保护好、开发好江苏历史文化名城名镇名村，激发江苏人民群众爱国爱乡情怀，让江苏优秀传统文化永续传承、焕发新春！

2017年秋于南京

（本序作者系江苏省文化厅党组书记、厅长，博士、教授）

目 录

引 言 / 001

第一章 民安物丰冠十场 / 001

第一节 建置沿革 / 001

第二节 盐场之巨 / 004

第三节 八卦村 / 007

第二章 文化遗存放异彩 / 010

第一节 风景名胜 / 010

第二节 物质文化遗产 / 017

第三节 非物质文化遗产 / 037

第三章 盐韵圣土和谐风 / 041

第一节 和善文化 / 041

第二节 长寿文化 / 047

第三节 民俗文化 / 050

第四节 民间故事 / 059

第五节 东淘“四华” / 071

第四章　名星璀璨耀千秋 / 075
第一节　名镇脊梁 / 075
第二节　名人留踪 / 102
第五章　古韵今风特色游 / 110
第一节　留住乡愁 / 110
第二节　盐韵景观 / 117
第三节　旅游路线 / 123
参考书目 / 128
后　记 / 130

引 言

安丰镇隶属盐城市，地处里下河与沿海交接处。安丰镇东临黄海，西枕泰州，南近上海，北接盐城；沿海高速、204国道、新长铁路穿境而过，范公堤、串场河、通榆大运河贯穿其间，是连接苏北苏中的交通枢纽。

安丰西汉入史，唐初建制，宋时筑捍海堰，明清时期盐业极盛，雄居淮南中十场之冠。安丰历史悠久，文化底蕴深厚，为苏北首个“中国历史文化名镇”，首批“中国特色小镇”之一，是“全国文明镇”“全国重点镇”“全国美丽宜居小镇”“国家生态镇”“国家卫生镇”。

第一章
民安物丰冠十场

安丰成陆于新石器时期，唐开元建置，初名“东淘”；宋范仲淹率修捍海堰、御潮灾、解民悬，乃更名“安丰”；时至明清，盐业日隆，农耕兴旺，市贸繁荣，八方商贾辐辏，七里长街绵延，千家店铺，万户居民，雄踞“淮南中十场”（图1）之冠。

第一节　建置沿革

安丰原为海滨斥卤之地，新石器时代成陆，初属吴越分野之吴地。坐落在古海滩大沙岗上淘河的东边，古名“小淘浦”。浦，意为水边或小河流入大海的地方；小，意为小聚居点。海有潮汐供卤，滩有苇草可燃，淘河有淡水饮用，小淘浦逐渐成为煮盐先民的集居点。小淘浦出名后，雅称“东淘”。

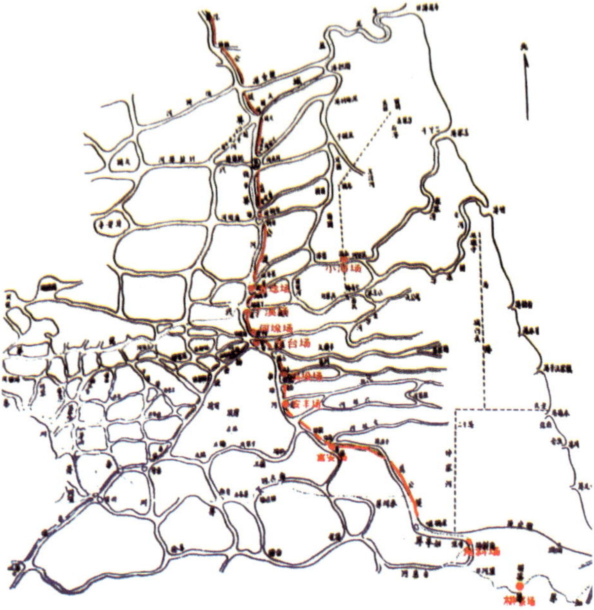

图1　淮南中十场

西汉时煮盐入史，为古扬州属地，唐开元元年（713）形成盐场建置，为东淘亭场。南唐昇元元年（937），东台设置海陵监，监管南北八大盐场，安丰属其监。

北宋天圣年间，范仲淹修成捍海埝，史称“范公堤”，逐更名为“安丰场”，寓安居乐业，丰衣足食之意。

明代，安丰为 “淮南中十场”盐场之一，为盐质最上者六场之首。明洪武卅五年（1402），设盐课司（俗称“场公署”）管理盐务。至乾隆三十三年（1768），分泰州东北境为东台县，安丰场归东台县管辖。

清康熙《淮南中十场志》载："安丰之盐其色青白，日久甜美，入口无卤苦之味，而质较重，故商家多聚焉。"安丰盐业兴旺，四方商贾云集，镇上大小店铺800多家，有徽茶桐漆、江浙绸缎、江西瓷器、中原旱烟，远近南北货品种繁多。清末民初，安丰场盐务逐步改为商办，形成曹（柏龄）、杨（桂岩）、郭（荫丰）、顾（益谦）四大盐商家族，呈现繁荣景象。

民国元年（1911），安丰设为市。因海势东去，盐产量下降，隶属盐务总场下管七个合并后的盐场。安丰、梁垛合并为安梁场，设场公署，驻安丰周家巷原场署，场官称知事。1929年，安丰与梁垛合并为东台县第二区。1931年，东何场并入安梁场，仍设场公署，场官称场长，由秤放员兼任。

1940年10月，新四军东进，安丰区民主政府成立。1941年5月，建立中共安丰区委员会。是年，东台县抗日民主政府接管两淮盐务管理局。东台境内设栟富、东何、草堰三个总场公署，各配总场长，东何总场辖安梁、东台、何垛三个场公署。1945年，改称何垛场办事处，安丰盐场隶属其领导。1948年2月，安丰被解放。

第二节　盐场之巨

在历代封建王朝的国家财政收入中，盐税收入都是一大支柱性收入。两淮之盐，开发历史悠久，又得天时、地利，故古称“煮盐之利，重于东南，而两淮为最”。明清时期的两淮盐税占整个国家盐税总收入的45%以上，为中央政府的财政支柱，历来受到中央政府的高度重视，故不断强化盐业管理。作为两淮盐场之巨的安丰则留下了盐课司署的遗存和大量与盐相关的地名。

盐课司署

安丰场盐课司署（图2）于明洪武二十五年（1392）建置，位于下灶三贤祠西。据明嘉靖《两淮盐法志》载，安丰盐课司为其时场大使李彦明、

图2　盐课司署

副使黄荣庄建造。盐课司署先后建房46间，外为大门，内设仪门、大厅、憩堂、翼舍、廨室、赈仓和贮引盐价库等。前院是征缴盐课和田赋的办公厅室，后院是正副大使的审案公堂、宿舍、伙房和其他用房。

盐课司署亦称“场衙门”，场官名“大使”。嘉靖《两淮盐法志》云：“天下财赋盐利居半，天下盐利两淮居半。两淮盐场三十，而安丰几半之。”安丰场配设正、副大使，主管出纳盐利，上资国税，下利民生。

岁月更替，安丰场盐课司署亦不断修缮扩建。明成化二年（1466），大使寇广增建后堂，弘治五年（1492），大使王聪、副使纪安重修盐课司署，“朽者坚之，旧者新之，建成正厅三间，后堂楹如正厅，翼以东西房两间，大门三间，中道立戒石亭。阶阼一新，仓廒悉具，规模具瞻”。

清代历任大使亦重视司署建设，康熙十六年（1717）陈恂、乾隆二十七年（1762）张廷炳、乾隆三十三年（1768）刘嘉兆、乾隆三十九年（1774）颜希、乾隆四十八年（1783）张起汶、嘉庆三年（1798）吴宝谟，先后建屋舍77楹。嘉庆八年（1803）吴嘉德、道光十九年（1839）王守符、光绪五十四年（1908）谢恭靖等，先后对安丰盐课司进行了重大修缮，使之中规中矩，端方森严。

盐场大使

管理盐场的盐官史称“大使”“副大使”。明、清两代安丰场历任正副大使计102人，其中正大使74人、副大使28人，明代51人、清代51人。历任大使中，不乏载入史册的良吏名官。如张雄，清顺治十六年（1659）建通仓桥（通商桥）和太平桥。萧锡祚，雍正三年（1725）倡修奎星楼。张延炳，乾隆二十七年（1762），因义学被废，他清查社田，以所获租金为士子乡试费，三年一给，贫者则捐养廉银以助，后升为新安太守。谭际时，嘉庆十九年（1814）大旱，捐钱136缗，分司、知县和其他场大使望而不及。尤其是道光年间的年轻场官汤伯儒为治洪水而献身，百姓建祠祭祀；宣统年间（1909—1911），清末最后一任场官张仁芬离任留靴，佳话一直流传。

盐场地名

安丰场的地名中，含有灶、墩、垛、头、舍、洼、河、沟、港、圩、桥等，盐元素十分丰富。

灶：以姓冠名的，有王家灶、曹家灶、吴家灶、张家灶、孟家灶、刘家灶、袁家灶，东、西梅家灶，东、西向家灶等。以数冠名的，有一灶、五灶、六灶、东友三灶、西友三灶、南友三灶、袁家三灶、万四灶、东四灶、李四灶、丁家五灶、秦家五灶、孟家五灶等。

墩：都以姓冠名，有张家墩，王家墩、朱家墩、刘家墩、马家墩、卢家墩、单家墩、吉家墩、季家墩、薛家墩。

垛：有常家垛、鲁家垛、东吉垛、南山垛、北三垛、杨铁垛、西孟垛。

头：有东港头、界牌头、瓦瓷头、白果头、井儿头。

舍：有姜家舍、李家舍、黄家舍、铁匠舍。

洼：有洋洼、杨家洼、东卢家洼。

河：有李家河、五灶河。

沟：有陈家沟、王家沟。

港：有王家港、李家港、大港。

圩：有蒋家圩、万家圩子。

桥：有九桥、牛桥、万家桥。

第三节　八卦村

安丰西侧的八卦村是一处两平方公里左右的神奇地域，河汊土岗纵横相间，状如八阵图，自然景观迷人，绿色资源丰富。它是古代军队抗敌练兵时开挖的练兵场——水系八卦阵。（图3）

“八卦”本是《周易》所述的以阳爻“☰”和阴爻“☷”相配而成的八个符号，以此组成八卦方位图，象征各种自然现象或人文现象。

图3　待开发的唐代薛仁贵东征练兵场遗址——水系八卦阵

历史上，我国东部海滨时有盗寇侵袭，百姓不得安宁。抗敌军队在安丰场按八卦布局，开挖沟河、筑埂布阵，挖出长短沟河360条，由河沟切开“格子田”240块，田挨河者，地块多呈“半岛形”，四面环河者，则成“孤岛”。整体八卦中，分成东西南北四个小八卦，每个小八卦的中间都有一卦心（阴阳鱼）。东八卦的卦心是一个池塘，称为“阴八卦”；西八卦的卦心是一个土垛子，称为“阳八卦”。

八卦的地名起于宋，初名“八卦图”，一直沿用至今。1946年“土改”时，遗存所在地的安丰区肇兴乡有一个行政村就叫“八卦村”。20世纪60年代初，南京大学地理系的两位教师到安丰勘察绘图，亲见村里水系田块完全按八卦格局分布，确认八卦村名副其实。

八卦村地处范公堤内，不受海潮侵袭，百余条沟河相连，与串场河相通，不断排盐爽碱，成为一块排灌顺畅、土壤肥沃的生态宝地。八卦沟多浜多，区内鱼虾、龟鳖、螃蟹旺长，尤以黄鳝、鳗鱼为多；从生着芦苇、蒲草、茭白等水生植物；坎子上野生着茵陈、蒲公英、蛇床子等中药材；植被天堂内，野鸭、野鸡、野兔随处可见。八卦土质好、干湿度适中，长出的瓜果甜脆、蔬菜鲜嫩。尤其是青菜无烂头、萝卜无水印，且白萝卜白如仿纸，红萝卜色泽鲜艳，备受青睐，远销各地。菜农们“春种萝卜青菜，夏摘豆角瓜茄，秋长药芹菠菜，冬卖大蒜黄芽菜”，乐在其中。

八卦水上交通发达，取鱼、贩粮、卖百货、运瓜果蔬菜的船家进进出出，住家船上的铜匠、锡匠、篾匠、修锅补缸等手艺人也往来频繁。串场河上的七座桥梁与八卦相连，古街居民由此进入八卦，融入自然风光。八卦居民饮绿色之水，食有机蔬菜，身体健康，102岁的张连英老人精神爽、思路清，逢人就夸八卦是个长寿的好地方。

第二章 文化遗存放异彩

在千年的盐业发展历史中，安丰场镇区逐步形成，古镇盐文化应运而生。那些闪耀着盐花的风景名胜及古街道、古民居、古桥、古井、古树名木等文化遗存，蕴含了古盐场的厚重历史，凸显浓浓乡愁乡情，独放文化异彩。

第一节 风景名胜

明代诗人乔楚、清代诗人傅应鸾都曾赋诗盛赞安丰其时之胜景，即“月塘澄碧”“盐山灿玉”“堤柳垂金”“丰井鸣琅”“崇宁晓钟”“义阡晓磬”“北桥星月”“南浦潜龙”这八大奇景，如今这八景有些仍有遗迹可寻（图4）。

图4 东淘八景

月塘澄碧

明代诗人乔楚对位于安丰场七里长街北端的月塘湾情有独钟，写下了《月塘澄碧》：

劈云沧海堕蟾蜍，一片空明沁太虚。
轻縠素圆犀晕满，清漪鲜跃蚌胎舒。
春生句草磷芳夜，鉴剖天光夕照余。
谁道濯缨无可问，临深应是洗心居。

月塘湾位于明代平民大儒、泰州学派创始人王艮居所门前，形如满月，面积百余亩，西与串场河相通，东与海河连贯；河水清澈，塘周皆环绕着芦苇，岸边种植垂柳，间以桃杏。春来桃红柳绿，秋日芦花摇曳，一片美景。居于此处的王艮师从王阳明，倡导“百姓日用即道”学说，认为“夫子亦人也，我亦人也，圣人者可学而至也”，其时四方学者纷纷前来求学交流，遍及明代15个行省。子弟至五传则多达487人，他们中有身居朝廷要职的李春芳、《桃花扇》的作者孔尚任、云南省布政使徐樾等。因此，“月塘澄碧”不仅是一道自然景观，更是古镇文化景观。

盐山灿玉

明清时期，安丰盐场盐业生产规模、盐品质均居两淮30个盐场之首，全场不仅拥有六大盐仓，还专设了存放盐包的场地。安盐堆积为山，在太阳、月光下，日夜闪耀着灿烂白玉之光，故有“盐山灿玉”之美誉。史载，安丰“盐利甲东南之富，我国家国用所需、边饷所赖，半出于兹”。故明代诗人乔楚作《盐山灿玉》赞曰：

蜃市霏微烟岛迷，月明霜霰万峰低。
惊沙龙子翻银窟，炼液真人弃绛泥。
鱼海常悬军国计，波濆应笑篝东秭。
东南珠玉原增重，蛟火从看百叠齐。

堤柳垂金

北宋天圣二年（1024），时任两淮东台西溪盐仓监的范仲淹修成捍海大堰，挡住东来海潮，成为保护盐场生产、盐民生活的砥柱屏障。安丰盐民感范公之恩，盐业日隆，社会昌明。范公堤内外生机盎然，堤东向海延伸，盐灶相连，堤西沃野千顷，禾苗旺盛。范公堤上建成七里长街，堤身两侧杨柳依依，春来鹅黄上柳梢，堤柳垂金，随风飘动，游人如织，载歌载舞，赞颂甘棠大贤，好一派歌舞升平的景象。乔楚写出了充满诗情画意《堤柳垂金》：

砥柱何年锦障偏，万株雨霁乱含烟。
歌分汴水嫌隋曲，春别长门倩客怜。
袅袅不禁寒欲堕，纤纤初看露应眠。
行人漫自传歌缕，不道甘棠有大贤。

丰井鸣琅

安丰古盐场地处沿海滩涂，虽然堆灰吸碱，地表水仍然较咸。为此，历代居民挖井汲取淡水，既方便自家生产生活，也造福一方。自宋代以来，安丰古井（图5）有百余口之多。其中，就有建于观音堂庙门前的观音堂古井，该段街道以此为名，称为“观音堂井儿头大街”；有建于周家巷

图5 安丰古井

义学馆内的义学馆古井；有清代布衣诗人吴野人四世祖吴谦开挖的新灶小街元代古井，其时“里中苦旱，挖地为井，以恤乡邻”。以上三口古井因位于古庙之前，义学馆之内，小街街头，其汲水时水滴入井如鸣玉珮，而饮水者或僧众，或师生，或四方游人，皆心怀“吃水不忘挖井人”之恩，诵经、念书、赞叹声亦如“鸣琅”，故安丰之井自成风景。因之，明代诗人乔楚留下了《丰井鸣琅》的诗篇：

岛屿飞烟集彩濠，银河初下广陵涛。
气蒸海甸来秋雨，波落青冥起夜鼍。
湘瑟欲寒云水暗，楚珰遥步月明高。
灵均遗响千秋壮，川岳人文并足豪。

崇宁晓钟

安丰的宗教文化（图6）源远流长，有佛国古镇之称，七里长街上竟坐落了72座庙堂，崇宁观就是72座庙堂中充满神奇色彩的一座道观。该观始建于明洪武年间（1368—1399年），重修、再修于明万历和清康熙年间。康熙年间修缮庙宇时，观主决定浇铸一座大钟。有两名巧匠承揽浇铸业务，并答应保证质量，七天铸成大钟。二巧匠昼夜浇铸，七天如期完工。第八天早晨，两工匠告别观主，说他们外出四天再回观里领取工钱，这四天中千万不可敲钟，四天后定有奇迹发生。可是一天刚过去，观里来了一个土豪敬香，硬是要敲钟，观主说明原委，

图6 安丰净土庵

他仍然不听，并放言如遇意外，愿施舍庙田300亩，如此一来，观主只好勉强敲钟。此时，刚离观一日，已到观西20里外的工匠听到了洪亮的钟声，不但不喜，反而叫苦。原因何在？四日后见了分晓。原来工匠准备用四天走遍道观周围方圆20里，钟声便可传至方圆20里，而现在只向西走了20里，故钟声只能传到西边20里，其余东、南、北方听不到钟声，形成了“崇宁观的钟听西不听东”的神奇传说。然而歪打正着，慕名前往观里的敲钟者与日俱增，香火更旺，“崇宁晓钟”成了一道独特风景。诗人乔楚有诗云：

仙月楼台玉一丛，暗声低度百花宫。
霜晨仿佛闻长乐，雪夜还同忆远公。
巢鹤露惊空翠里，骊珠潭冷积虚中。
久弃残漏共行客，深省何人思不穷。

义阡晓磬

义阡系指东义阡寺，又名“东寺庙”。此庙历史悠久，始建于明万历四十年（1612），亦有相当规模，大殿朝南有天井、厢房、僧舍、膳房、四合院、殿宇等31间。后经清康熙六年（1667）、嘉庆二十一年（1816）的商人两度重修，更加气宇不凡。该寺因寺内有镇寺之宝——元代四方游僧文铭和尚留下的古磬而闻名。古磬响起，声传四方，尤以晓磬之声声声入耳，天籁之音引人向善，故成为众人向往之佛土净地。诗人乔楚有诗《义阡晓磬》为证：

渚天月色厂祇林，哀玉初传静夜分。
戛戛欲鸣疑汉水，琅琅时泛听南音。
清鸥迈集芳洲思，落叶圆同行路心。
击碎白云应缥缈，却余天籁定中寻。

北桥星月

北桥者，即“安丰北石桥”，又名“星月桥”，明万历二年（1574）由王艮曾孙王嘉令倡建。石桥向北便是广福寺、镇龙寺。庙前三棵古银杏树，挺拔苍劲。正如古诗云：“雄狮两对守桥前，银杏三株六百年，玉带河沿红映绿，石梁流水白帆连。”清初诗人吴嘉纪亦有《石梁诗》记传。后因海潮冲圮，嘉庆四年（1799）盐商捐修，1962年下灶村民再修。诗人乔楚所作《北桥星月》对其的描写惟妙惟肖：

金风萧瑟堕玄霜，一曲纤纤照石梁。
翠木玲珑金掌阔，紫箫澄澈玉虹长。
座通御气分灵界，路逼银河即上方。
水卧不妨疑醉眼，白云千顷跨潇湘。

南浦潜龙

南浦潜龙特指安丰镇南影山风影。影山在镇南七里新丰团（今通榆村）东泽中，高约三丈，孤山屹立，碧波萦绕，树木葱茏，草径曲折。因山水相接，隐隐若龙潜其间，巍巍如高峰突耸，照水荡漾，故有影山之名。旧时，诗人墨客常来此游憩，吟咏其间。清初著名诗人吴嘉纪有《影山》诗云："泱漭东海边，一丘何竦峭！地僻名不章，湖清影自照，栖云林竖低，惊月鹳雏叫，衹应垂钓翁，繫艇来登眺。"而乔楚的诗《南浦潜龙》则更为传神：

兴庆池头气色阑，霏微湖鼎好重看。
千秋霖雨飞腾急，万窟云烟出没寒。
化剑已知干夜象，抱珠应自御泥蟠。
谁言渊跃非头角，奉若从教足大观。

第二节　物质文化遗产

安丰古镇有保存较为完好的历史街道四处，古巷道六十六条，独具安丰文化元素的明清建筑数十处，以北玉街、南石桥大街、民生街、解放街尤显旧制。集镇住宅多为四合院落，青砖小瓦，木门格窗，雕梁画栋，翘脊飞檐，马头龙口，石雕砖雕，尽显明清古建筑之风。其中，鲍氏大楼为江苏省文物保护单位。明清古街、吴氏宗祠、周法高故居、袁承业宅、王艮画像碑为盐城市文物保护单位。东岳宫为东台市文物保护单位。戈湘岚故居、陈氏小四合院、观音堂、地藏庵、北都天庙、安丰天主堂等均保存完好。

一、麻石古街

安丰古街长七华里，南北向，铺筑在穿场而过的范公堤上。当年范公堤修好后，堤东住盐民，堤西布村垛，范公堤居中，成为行商坐贾开店设铺的中轴，故古名“中街”。沿街东西伸出六十六条巷子，加上一些无名巷岔共有近百条，又被称为“蜈蚣街”。《淮南中十场》载：“安丰场中街，居民稠密，街悉甃以砖石。南北境七里，人烟辏集，海河环其左，运河绕其右，烟墩峙其南，北极殿其后，相传为蜈蚣街，以其袤长而广缩也。”

麻石古街见证了安丰盐业发展历程和安丰人的智慧。铺设街面的麻石都是运盐船经年往返累积的压仓石，明代万历三十年（1602）铺设的南起盈宁桥（南石桥）、北至星月桥（北石桥）的街面为绛黄色的麻石板，两边镶以青灰砖走道，麻石板街下设水道排水，是安丰的独特风景。

二、闾巷

明清盐业兴旺时期，为将仓河流域所产之盐运出外销，街上开辟了东西可通的巷道，在灶河通往海河、运盐河、串场河畔建了不少码头和关卡，逐渐形成了由“三关”“六码头”“九坝”“十三巷”组成独特的闾巷格局。

三关　安丰场在灶河上设有上、中、下三关，由专人管理，检查来往船只。上关在场南卢家灶河段处。中关在场中的灶河上。下关在场北向的灶河上。中间设置活动的木头门，验放过关。

六码头　西串场河边陆陈行沿河开设，四乡八舍来往的生意船都要靠岸装卸货物，街坊百姓需要饮水浆洗，于是或用砖砌或砖石混铺沿河建成数十个码头。其中有六个大码头，用黄麻条石从岸上逐级铺到水下，坚实宽敞，远观甚有气势。西寺桥码头、吴家巷码头、周家巷码头、公馆巷码头、南王家巷码头和西抬盐巷码头，成为闻名的安丰“六大盐码头”。

九坝　九坝为一仓坝、二仓坝、三仓坝、老坝、减水坝、草坝、滚水石坝、谷地坝、新灶坝。

十三巷　十三巷是古街六十六条巷道中东西相对贯通的十三条运盐巷道。由南向北分别为东西宝善巷（图7）、东西顾家楼巷、东西抬盐巷、东西小坝巷、王家巷（图8）对乌龙巷（图9）、东西大坝巷（图10）、古塘巷对武庙巷、杜家巷对阳春馆巷、太

图7　东宝善巷

图8　王家巷

图9　乌龙巷

图10　东大坝巷

平巷对真君庙巷、周家巷对万家巷、东西新坝巷（图11）、东西三仓坝巷、堂巷对北刘家巷（图12）。就其作用而言，都是把盐从东部盐灶运往串场河外运外销的运盐之巷。然而被命名为“抬盐巷”的则是盐课司后巷。该巷道东面正对盐包堆储场所，西面直达盐码头，常年运盐量最大。加之巷道宽，巷内还有多家店铺，人流颇多，故而成为各盐场中唯一被命名为抬盐巷的。

图11　西新坝巷

图12　北刘家巷

三、古建遗存

长街两侧，古

屋毗邻，庭院深深，青瓦灰墙，一座座风格各异的明清建筑高低错落。院呈四合，是晋商从中原带来的聚财理念；墙立马头，是徽商从皖浙植入的安全要素。这些古老的建筑刻有丰富的历史文化印记。

庙宇

自南宋到清末，安丰先后建有七十二个半庙宇。其中僧庙三十八所、尼庵十八所、道观三所、福神庙或曰土地庙十三所。著名的庙宇有五座：

崇宁观　明洪武年建，万历年修，清康熙二年（1662）安丰居民徐我选倡修。该观以其钟闻名。诗人吴嘉纪诗记了寺钟的传奇："大器方远闻，去程未及半。时俗昧神工，徘徊鸣海岸。临流鸟雀静，将曙星尘烂。瞆瞆尘中人，一声残梦断。"

北极殿　明万历二年（1574）建，清康熙、乾隆、嘉庆年间先后重修，位于星月桥之北，分东西两寺，东为镇龙寺，西为广福寺，中立无心白果树，殿宇堂舍共58间、四楼五天井、18个回廊梅花厅，香火盛极一时。现在原址上建有弥陀寺。

藏经院　曾藏《大藏经》5048卷。明天启二年（1622）魏国公徐宏基所建，清康熙年间王白琦倡修，乾隆年间僧修德重修。其位于下灶村之南，占地20余亩，有房屋120多间，惜遭日本侵略军所毁。

三官殿　供奉天官、地官、水官尧舜禹之庙，清嘉庆十六年（1811）徽商鲍志远重建，位于藏经院东南。该庙明三暗九，共20多间，曾为徽商会馆，后被日军所毁。

普济院 明崇祯年间建，位于安丰南茶亭西，初有庙房13间，康熙、乾隆年间分别重修，扩为54间，天井14个，供奉檀香木释迦牟尼立像一尊，重达72斤。“文革”期间被拆毁。

半个庙 叫“石将军庙”。传说清嘉庆十年（1805）六月，里下河上游五湖横溢，有块石头随西水冲来，压住巨浪，百姓以为神明，将该石雕成神像嵌于四圈门巷头墙壁之上，街坊四时供奉，因有神无庙，习称“半个庙”。

从明清到20世纪50年代，安丰经常要举办一些民俗盛会。一年中主要有八大庙会，即农历三月十九的太阳会、三月二十八的东岳会、五月十三的关帝会、七月三十的地藏王会、九月初九的华佗会、五月十八和九月十六的都天会、初春时节和九月中旬的龙王会等。其中规模最大、影响最广的要数一年两次都天庙的“都天盛会”。这些“会”很热闹，香客、商客云集，各行各业摆摊设点。这些“会”很神圣，在主题大庙前举行，办的是交易商品的经济庙会，主题却是拜该庙所供之佛，迎该庙所敬之神。拜佛信道是安丰最为广泛的信仰名俗。从八大庙会扩大至七十二座半庙的香火兴盛，可以想见安丰佛教活动的广泛与隆重。

鲍氏大楼

鲍氏大楼（图13）为徽商鲍致远于清道光初年建造。鲍致远，安徽歙县棠樾村人。曾祖父鲍士臣为两淮著名盐商。祖父鲍逢仁为通奉大夫议叙盐运使。堂兄鲍致道乾隆年间任两淮盐务总商。鲍致远嘉庆年间来到安丰经营盐业，开设钱庄。他诚信经营，乐善好施，独资建造三官殿作徽商会馆，建育婴堂，捐助消防水龙，灾年赈灾济民。

图13　鲍氏大楼

鲍氏大楼建筑群总面积3800多平方米，正面仪门高耸，瓦脊门楼，拱形大门，多重出檐，图文瓦当，显大家望族之气派。进门砖铺阔路，直达后院住宅区。路东是耳房、伙房等服务用房，路西是四合关厢的两院三进楼。东院朝东开门。石槛、石鼓、石阶相映，洁白典雅；石雕、砖雕、木雕相间，古色古香。天井白石铺地，明间罗砖铺空，栋梁圆木硕大，四墙山板接顶。前厅四屋关厢，呈四水归堂之象，后厅楼后套楼，乃藏金纳银之仓。天井西墙开门，西院又是两楹方楼，楼身前后相错，飞檐翘脊叠见，小瓦大顶弧长，呈徽商淮贾之气象。鲍氏大楼1986年、1990年分别列为东台市级、盐城市级文保单位，1995年列为江苏省文物保护单位，成为古镇不可复制的独特地标。

2008年8月，91岁的香港老人韩端庠老太召唤分散在世界各地的20多位鲍氏子孙，飞聚上海，奔赴安丰。站在鲍氏大楼荸荠色漆门前，她抚摸着古饰的铜环，审视着眼前的故居：墙上马头、楣上砖雕如昨，庭间青石、厅内方砖如旧，前厅主厅阳光灿灿，中楼后楼庭院深深，“四水归堂”的天井里，四海的游子归于一堂。这位集太婆、祖母、外婆、母亲于一身的福太太对子孙们说：“这就是我们的老家，我们到家了！”韩老太太19岁时坐着婚轿进入鲍家，住在方厅左侧后金库的楼上，日寇入侵后随丈夫辗转各地从业，后来定居香港。如今，终于“到家了”！鲍氏子孙回乡之举还曾登上2014年2月17日的《人民日报》，引得海内外游子陆续归来，寻根归宗，拜祖省亲。

吴氏家祠

吴氏家祠（图14）位于安丰南石桥大街东小坝巷南侧，系布衣诗人吴嘉纪家祠。现有砖木结构的七架梁平房两幢，各为三间，相向对峙；另有五架梁平房两间，设为“东淘诗社”；庭院内迎门设吴嘉纪石塑座像，北壁为吴嘉纪诗碑文化墙，门临古街，是盐城市文物保护单位。

图14　吴氏家祠

两幢平房中，北屋是家祠，供奉吴氏先祖，展出吴氏家谱图表。南屋设为吴嘉纪纪念馆，展示了吴嘉纪和夫人王睿相濡以沫的艰苦一生。吴嘉纪著《陋轩诗》，王睿有《陋轩词》，是安丰盐文化史上灿烂的文学双星。

戈湘岚故居

戈湘岚（1904—1964），职业画家，受业于刘海粟等老师，以画马见长，成为与徐悲鸿齐名的画马大师，世有“南戈北徐”之称，被郭沫若誉为“今之曹霸”。

戈湘岚故居（图15）主建筑为坐北朝南的三间正屋，名为“赏神骏斋”。锁壳式走马廊檐格局，清末风格门窗。明间布置，显书香门第之雅。东房为寝室，古式架子床，老式衣橱，榻板灯柜，铜盆马桶，蓝印花布蚊帐，缎子被面，再现清末民初家

图15　戈湘岚故居

居情景。西房为湘岚先生的书房画室，以其生前使用的大书桌为主，配以文房四宝，展示先生作画的往日格局。

院中的石榴树是戈湘岚幼时栽种，至今已百余年，略见朽节，显其年久。面北的对合屋，是戈氏家族祠堂，名为“忠恕堂”。明间为祀堂，以戈姓始祖为源，布置戈姓的族谱简表和祖先画像，相应陈设着祭祀用器。

正屋西边坐南朝北的两层小楼为新建的“戈湘岚纪念馆”，按民国时期的风格建造。楼上设戈湘岚先生曾经创办的“学友图画社”，作为学术研究和书画培训的场所。楼下敬设戈湘岚先生的白色大理石雕像、生平简表，复制了郭沫若“今之曹霸”的赞誉题跋，放大戈湘岚的百马图，给人以大气磅礴的艺术经典氛围。

戈湘岚故居于2013年开始修葺，2014年4月30日对外开放，接待了众多国内外游客和名家。戈湘岚次子、国家文化部离休干部戈宝楞先生回安丰故乡，看到他五六岁时生活过的故居，连声感慨赞叹：“就是这样的，就是这样的！”

周法高故居

周法高故居在安丰古北街江宁馆巷9号。周法高（1915—1994），中国语言学家，其故居现为盐城市文物保护单位。步入故居院内，随处可见木雕的莲花图案。明间槅扇的中段腰板上，一门一图阳刻木雕。或一朵荷花、一只圆食盒，寓意和合喜庆；或一支稻穗、一只螃蟹、一只酒坛，寓意永久和谐。

袁承业宅

袁承业宅（图16）位于南石桥大街60号。坐东朝西，穿堂三进，形成双天井。袁承业宅为清末民

图16　袁承业宅

初建筑，既有本地特色，又融入部分徽派因素，呈现朴实的东淘风格，2012年公布为盐城市文物保护单位。

袁承业1910年购买此宅后，在此搜集整理编印的《东台文征》《东台诗征》《王心斋先生全集》《明儒周源溪、少溪，元度三先生遗稿》《陋轩、江村诗合集》《安丰濂溪堂文集》等十余种文献得以传承。民国6年（1917），袁承业被聘为东台修志局协纂，他根据历史资料，精心绘制《东台县全境图》，测得当时全县面积为5125平方里，成为东台史上对土地面积的首次记录。

四、街区古桥

安丰七里石街四方环水，西侧为串场河，东侧为海河，北侧为玉带河、南侧为三仓河。加之煎盐团灶开挖的灶河，形成了四通八达的水系。安丰场的灶河，有以顺序排列的六条灶河，起于几处仓坝，汇于南北新河，集于天鹅荡，东散于鳝鱼港，西达场署司，总长200余里，亭荡相望，商灶称便。然近场镇范围，则不利于人们跨河往返，加之串场河西村庄垛田，周围水网密布，修桥筑路便成为安丰官商富绅们常行的善事，构成了小桥流水的田园风光。

明清时，安丰七里长街周围有桥梁23座，其中石桥3座，其他多为木桥。

串场河上十座桥

王家桥　王艮曾孙王嘉令捐建。清顺治二年（1645）王言丝修。嘉庆十六年（1811）公修。道光元年（1821）杨桂芳重建。道光十五年（1835）盐商朱相寿复建。

通仓桥　亦名通商桥，在四仓巷西。清顺治十六年（1659）场大使张雄建。康熙四年（1665）张承信重修。嘉庆十九年（1814）公修。咸丰七年（1857）侯燕倡捐重建。

太平桥　清顺治十六年（1659）场大使张雄建。咸丰十年（1860）周舜倡捐重建。

周家桥　明万历五年（1577）周自德捐建，崇祯十年（1637）周鼎修。

鲁家桥　明嘉靖三十八年（1559）鲁继塘捐

建。崇祯十一年（1638）鲁一龙修。

傅家桥　明代傅本濂捐建。清康熙十一年（1672）傅允执修，嘉庆二十一年（1816）盐商公修。同治十年（1871）侯锡九重建。

吴家桥　明嘉靖年间吴云楼建。清顺治十五年（1658）徐我遇重修。

西寺桥　亦名进寺桥，明万历二十九年（1601）吴一诚建。清顺治十五年（1658）徐我遇修。嘉庆十八年（1813）公修。

南石桥和南石闸　南石桥初名“广容桥”，亦名“盈宁桥”。原是安丰南端街道与南草坝隔河上的小木桥。明代正统十四年（1449），王艮的曾祖王文贵出资，广购石料将木桥改建为石桥。桥长九丈余，宽一丈余，桥下造一拱形孔，桥上设石栏，桥身东西各有两尊石雕龙头伸出河心，桥南28级石阶，桥北29级石阶，桥形壮观，石雕精美。成化六年（1470），王文贵之子王公美进行了修缮。又40年后，桥身坍塌，王公美的侄子王尚端研究广容桥使用周期短的原因，发现是桥南土坝前水流较急，冲击桥基，南草坝每年都被水冲倒。他就在土坝原址上修筑了九孔滚水石坝平桥，石头间都用铁蝴蝶链接，闸上行人闸下排水，闸身坚固，造型美观。布政司林正茂专撰《安丰场广容桥记》以予表彰。康熙十一年（1672），灶民朱应尧、张日登又行捐修。280多年后，桥基松动，于1955年7月倒塌，石料散失。桥基石头多为细砂石，农民捡去磨刀磨锄用。1957年在原址重建一座木桥，名为“安乐桥”。1976年改建成水泥拱桥，更名为“建设桥”。

北石桥　又名“星月桥”“古石梁”，减水坝西玉带河上的拱形石桥，明万历二年（1574），王艮曾孙王嘉令倡建，比南石桥晚建125年。桥长九丈余，宽一丈余，桥南石阶27级，桥北石阶29级，两边石栏相护，桥身各有两个龙头伸向东西河心。护栏及龙头雕刻精细，造型美观，桥身坚固，形酷似南石桥。清初诗人吴嘉纪有《石梁诗》记传。后因海潮冲圮，嘉庆四年（1799）盐商捐修，1962年下灶村民再修。

串场河西三座桥

高士桥　在吴家桥河西南三十丈陋轩旧址处。福建按察使、布政使、吴嘉纪密友汪楫题桥名。

便民桥　在三仓坝西，安丰人贾锦捐建。

三思桥　灶民沈道复捐建。明正德年间（1514）大使胡宪修葺。

镇区海河上六座桥

永兴桥　清咸丰八年（1858）吴豫堂等将永兴桥改建为砖石桥，砖身有“永兴桥”字样，桥阶均用石头砌成，桥面由长约5米、宽约0.8米、厚约0.4

图17　永兴桥

米的五块巨石铺成。（图17）

万家桥　明万历四十五年（1617）万里建，清顺治五年（1648）万明修。

丁家桥　又名“通海桥”。灶民丁颛建，清咸丰七年（1857）年侯燕倡捐重建。

武庙桥　明万历三十年（1602）建，清康熙五年（1666）张承信修。嘉庆二十一年（1816）盐商公修。1972年改造为安时公路桥。

东寺桥　清康熙五年（1666）徽商吴大成修。

东圣桥　在北都天庙前，建桥时间亦在清初。

灶河上四座桥

牛桥在今九桥村四组，贾家桥在今九桥村六组，下灶河桥在今洋洼村二组、三组，汤港桥在今洋洼村一组。

五、东淘古井

安丰现存的古井当数元代古井。元代古井有两口，相传皆为吴显卿出资所凿。当年因久旱不雨，他出资开凿双井，一井在新灶，解决乡邻吃水的困难；一井在安丰场盐课司北，供抬盐苦力汲水解渴。吴氏家族宋末随曾祖父吴休从苏州迁来。显卿之父吴谦，幼年读书聪慧，善骑射，元成宗时（1295—1296）举为兵马都辖，任职勤谨，死于任所时，家中清贫只有数册书籍。

吴显卿继承家风，任嘉松府提举时，为官清廉，风纪严肃，拒绝馈赠，不到一年，清除了盐政流弊，辖地风清气正。至正年间（1341—1368）去职回安丰场，隐居堤东新灶乡。他独资购砖在乡居铺修街道，人称新灶小街。去世后墓葬于南港，周围长满翠竹，该地乃得名“竹园”。嘉庆《东台县志》卷三十四载文专记其贤。“古井”“竹园”现为安丰纪念先贤、和畅乡风的好去处。（图3）

六、安丰三奇

安丰既有独具古盐场沿革标志的历史街区等物质文化遗存，又有彰显古镇风情的非物质文化遗产，更有充满生命张力的活态文物，这就是令人称道的“安丰三奇”——“五谷神树”“无芯白果”和“下灶贡豆”。

五谷神树

图18　五谷树

串场河畔、鲁家巷西首、大悲庵故址旁，有一株被百姓敬若神明的奇树——“五谷树”（图18），传为明永乐年间大悲庵老僧所栽。此树三月发青，四月开花，立夏后结实，深秋落叶，叶片如黄芽，似冬青，像竹叶，花呈乳白，伴有清香。其神奇之处在果实形状不一，或像稻谷，或像麦子，或像黄豆，或像玉米，或像高粱，故名“五谷树”。老农们验证，某种形象的果实结得多，当年这种谷物就会高产。因而春播秋种前，人们都要到“五谷树”前焚香祷告，祈盼丰收。时至今日，人们仍自发敬香礼拜。

无芯白果

北极殿前，有一株600多岁的古银杏树（图

图19　白果树

19），果实有肉无芯。传元末朱元璋进攻，张士诚向江北撤退，因存重返江南之心，便命士兵每撤一段就栽棵寿星树（银杏树）以作路记，沿途在靖江、海安等地栽了12棵。不意在安丰星月桥北极殿处，还是败于朱元璋军。眼见大势已去，无心再栽树了，但部下还是在北极殿前栽下了第13棵长寿树。张王无心，后来结出的果实就都无芯了。历经数百年，这株银杏树越发挺拔繁茂，树高约20米，树干围近3米，成为古镇的绿色地标。

下灶贡豆

明代哲学家王艮生活过的下灶村，有一片园地，几百年来一直盛产一种奇形的蚕豆（图20），扁圆形，大如拇指，中间略有凹陷，形似牛脚，得名“牛脚扁”。这“牛脚扁”，不仅粒大饱满，而且肉香鲜嫩。虽同在下灶村，但离开这片地，却怎么也长不出“牛脚扁”来。嘉靖十年（1531），兴化县学士李春芳乡试失利后，前来“东淘精舍”向王艮求学，最爱品尝“牛脚扁”。后来李春芳官至宰相，便把“牛脚扁”献给皇上。

图20　牛脚扁

从此，下灶的“牛脚扁”成为贡品，得名“下灶贡豆”，下灶成了明清两代的“御豆园”。如今，下灶蚕豆已被评为江苏省优质蚕豆，两度入选全国农展，享誉神州。

第三节　非物质文化遗产

在千年盐业生产和盐文化形成的过程中，安丰人民世代传承的特色工艺、地方小吃、传统文化，逐渐积淀成具有安丰特色的非物质文化遗产。目前安丰被列入国家非物质文化遗产名录的有发绣，被列入省非物质文化遗产名录的有鱼汤面，被列入盐城市非物质文化遗产名录的有麦秸秆画和安丰民间故事。

发绣

发绣是安丰场自唐代以来就流传的一种独特的民间工艺，即用人的头发作线，以绸或绢作载体，绣制人物、花卉、动物，其图案逼真、立体感强。用此方法绣制山水楼阁，古朴典雅，层次清晰，被誉为“天下一绝”。发绣的历史可追溯到唐宋年间，佛教信女为表示虔诚，剪下自己的长发，在丝绢上绣成观音或如来，这便是最早的发绣。发绣以黑、黄、灰、赭、白等自然彩发，运用参针、套针、虚针、乱针、扣针、网针、平针、刁针、纳针等多种针法，将绘画与刺绣完美结合，充分以人发的特质来绘制出原画的精神面貌及创作构思的意图。发绣作为一门艺术，堪称中国工艺美术世界里的一朵奇葩，同苏州的苏绣、上海的顾绣、湖南的湘绣一样，古朴典雅，雅洁秀丽，色泽自然，更兼不腐、不蛀、不褪色之特点。安丰古有绣花铺，新中国成立后成立制绣社，至今古街还设有发绣馆。安丰发绣与东台发绣同根同源，发绣精品多次获国家、省市金奖，被世界各级博物馆珍藏。

鱼汤面

享誉四方的东台鱼汤面（图21）发源地在安丰场，并于1915年获巴拿马博览会金奖。相传安丰鱼汤面起源于清朝乾隆三十三年（1758）。其时有一位来自皇宫的御膳厨师流落到安丰场，以制作鱼汤面谋生。安丰鱼汤面不仅味道鲜美，还具有较好的养生作用，能够润脾健胃，补虚疗肠。民间常有“吃碗鱼汤面，赛过活神仙”之说。店面一时生意

图21 百年鱼汤面 浓浓古街情

兴隆，门庭若市。而后，从安丰传入范公堤沿线各大盐场，进入东台县城。东台多家茶馆酒楼都供应鱼汤面，每天早市顾客盈门，东台鱼汤面从此驰名大江南北，被列入江苏省非物质文化遗产名录，省内外不少游客都是冲着鱼汤面来安丰的。

麦秸秆画

麦秸秆画是安丰镇工艺美术师刘用明女士经过长期反复实践，用麦秸秆制作的画作，并且从单面麦秸秆画发展到制作双面透麦秸秆画（图22）。

刘用明，安丰镇东淘社区人，53岁，现为安丰镇退休职工，曾经在安丰标牌印刷厂担任美工。刘用明制作麦秸秆画的第一任老师是他的公公周余吉。周老先生今年87岁，业余喜欢用麦秸秆编织手工艺品。刘用明本身是搞美术的，看到老爷子用麦秸秆编织的东西，觉得麦秸秆制品自然光感效果

图22　刘用明的麦秸画成为安丰镇新时代民俗文化的代表

好，内心非常喜欢。在公公的指导下，她的麦秸秆画技艺提高很快，后来又慕名拜沈社国大师为师专攻麦秸秆画技艺。刘用明做麦秸秆画不落俗套，继承传统，却又不为传统所束缚。她潜心钻研，独创技艺，通过剖、剪、拉、刻、烫、熨、拼、贴等多种特殊技法，不断拓宽麦秸秆画的艺术表现范围，大胆吸收国画、版画、剪纸、烙画等艺术表现手法，将传统工艺与现代绘画手法融为一体。在此基础上，她大胆创新，借鉴双面透发绣的工艺，尝试在单面透的基础上，进行再加工。通过一次又一次反复试验，她终于摸索出了双面透麦秸秆画的制作方式。安丰麦秸秆画已入选盐城市非物质文化遗产代表作名录。

第三章 盐韵圣土和谐风

《如皋县志》《仪真县志》中有“安盐”之记述。青盐、和盐、安盐，都是安丰之盐。安盐去江左，和盐走天下，是为当年的盛况和历史的遗存。正如古诗所云：“和盐天下享嘉誉，遍听闾巷歌甘棠。”

以和盐生产为基础的储运、销售、管理、服务所构成的安丰社会生活共同体，在时移世易、日积月累中造就了一方盐韵圣土，形成了独特的以和谐、和善、和睦为内涵的“和”文化。

第一节　和善文化

安丰这方盐韵圣土长期以来形成了安定和谐的镇风、民风，奠定了丰衣足食的富庶之基。在安丰古街，随便走进一家民居，总能见到缸养荷花、院植桂花树，向人们传递“和为贵”的信息。

和邻

和邻，是安丰先民们为和睦相处主动作为的一种礼貌互助行为。某家新居落成、新业开张、新婚大喜乃至新春开耕、新谷开镰，都会邀请乡邻街坊参加茶酒宴饮活动，俗称“请庄客”“请村子”，文人写成“请春卮”，可见其雅。

安丰场“和邻”之风，最早可追溯到南宋，“或有新搬移来居止之人，邻人争借动事，馈献汤茶，指引买卖之类，则见和邻之义。又率钱物，安排酒食，以为之贺。朔望茶水往来，至于凶吉等事，不特庆吊之礼不费，甚者出力与之扶持，亦睦邻之道，不可不知”。

“邻居好，赛金宝。”好邻居从何而来？从与人为善而来，从诚善待邻而来。要邻居好，先得自己待邻好。和邻，将邻人请来或吃和茶，或尝和菜，品茗谈心，喝酒增谊，便是与邻为善由格言到行为的人情味活动。

和茶

和茶，是民俗中较为高尚的礼节。常用于款待婚姻过程中的“访亲”“会亲”“做节”的贵宾及定聘、嫁娶时的新亲、媒妁、宾朋与使者，也常在尊贵的文友、客商间使用。

用于联姻的“和茶”，不是单纯的开水泡茶

叶，而是颇有讲究的茶点。茶，是枣子红糖茶；点，为茶食果子点。

做亲的和茶，是礼仪与吉祥之茶。茶，是预先煨好的红枣、莲子、李子、银杏、芡仁（鸡头米）汤，调以红糖，温甜可口。以枣子、芡仁、莲子、李子所煮之茶，寓早结连理，或早联姻亲之意。婚庆时的茶，必有花生、桂圆在内，寓“早生贵子”之意。客人们尝糕尝糖，寓“高来高去”“甜甜蜜蜜”之愿。

和茶所用糕点，有广谱的云片糕、山楂糕、绿豆糕等，也有特产八珍糕。八珍糕，用上等东淘糯米舂粉而制，加黄芪、党参、莲子、淮山药、五谷虫、鸡内金、薏仁、芡实等八种中药，谓为“八珍”，和燕窝、白糖、猪油炮制而成，入口疏松爽口，甜中充满药馨，食之健脾补气，老少咸宜。八珍糕表达了主人对客人的尊敬与和亲的愿望。

文友雅士的和茶，以雅为上。茶用好茶，碟用鲜果，茶具则用有盖茶盅，下坐托碟。文人和茶以会文为主，品茶为辅。明末清初安丰的文人大多清贫，自然不讲究多高的档次，只要人对心、文对路，便是友与缘了。吴嘉纪、王大经、王大成、沈聃开四君子中，吴嘉纪穷困一生，沈聃开家境不济，唯王大经尚好一些。四逸相聚，诗歌写实，清茶助兴，自然符合他们的清贫风格。

和菜

和菜，始于乡村中办酒和邻。主人预计年内有婚嫁、寿辰、建房、开业等家庭大事，预先喂养一两头猪，届时杀猪办菜，方便实惠。当地厨师办菜时，尽取猪身之料，做成六大碗、八小碟。称为“和菜”。

八碟，是先期上桌的下酒凉菜，龙舌、凤肝、虎足、象耳、狮肚、猴脑、天仙、佛肠。其实就是猪口条、卤猪肝、片捆蹄、猪耳朵、猪肚、猪脑、猪心、香肠，切片于碟中，配以荸荠、芫荽、香椿、木耳、黄花、金针、药芹、芦根、蕻菜、豌豆头、盐蒿子、枸杞头、菊花脑、萝卜丝、生姜丝等应时应令的土菜野菜，红绿黄白紫五色相配，甜咸苦辣酸五味调和，把猪下水料理得很精致，让客人们一见之下满眼好花色，满口生和津。

六大碗是六个烧菜，亦全取自猪料。

头道菜，烧南阳，即以炸肉皮为主料，配以小肉元的杂烩菜。主菜两样：肉皮、小肉元，不好听，就将“两样”叫成“南阳”，不知哪个读书人将此拉扯上“南阳诸葛庐”，道是诸葛喜食之味，“牵强附会”地将烧南阳菜名传了下来。

第二道菜，肝肠合烧，将肝大肠配以菠菜或韭菜烧炒，当地方言里“肝”音似“官”，也就寓意当大官，官大且长久，分明猪下水，竟是好口彩。

青蒜花儿起锅，更是好口味。

第三道菜，冰糖扒蹄髈，佐以豌豆头。

第四道菜，烧斩肉，即大肉圆。用东淘糯米，或和于肉圆中，或粘于肉圆外，入口肉香与糯米共津，嫩肉与绵米养口，将乡土味烧成了上档菜。淮扬菜系中称为“狮子头”。

第五道菜，红烧肉，用本地陈皮酒煸炒见油后烧成，质烂而不化，见油而不腻。

第六道菜，肚肺汤，配以淡菜或大蛏等海味，酥而不硬，鲜而不腥，爽口解酒。

乡里人家，六碗八碟飨客，实实在在，真心待客和邻。乡村土菜办到这个份儿上，已很可观了。

和艺

和艺，是安丰以荷花为象征或图腾、以和谐为内容与追求的群众文化艺术现象，体现在安丰社会生活的各个层面与侧面。

走进安丰的里巷人家，精美的砖雕与花式多样的瓦当频频映入眼帘。以莲花为图案的瓦雕、砖雕、石雕随处可见，比比皆是。

瓦雕　在教育专家钱乾、兵器专家钱维翔的老宅，在创立上海启瑞牌墨水的朱启瑞故居，莲花瓦当让人羡叹。莲花的纹心为莲瓣乳心状，莲瓣以单瓣居多，花瓣呈叶形，花朵或八瓣或六瓣，或凸纹或凹纹，有白描，有写意。这些瓦当既是导水的建

筑用品，也是古朴的瓦艺品。

砖雕 陈毅在安丰宣传抗日的北都天庙，墙上有着各种图案的砖雕，不但刻有捐赠者、制作者姓名，还刻着双钱图案，较为多见的则是莲花图案。古代匠人们不厌其烦地制造出双钱、双菱形图案复杂的莲花砖雕，足见其技艺与追求。

石雕 北石桥头两尊圆形石鼓双面凸出的浮雕上，龙飞凤舞的中心，是一组六瓣莲花的图案，虽年代久远，仍栩栩如生。镇里郝、朱、陈、万等昔日望族，曹、杨、郭、顾等盐商的老宅古居中，寄托祈愿的莲花雕刻令观者产生和美的共鸣。

木雕 居民的院内、室内，木雕莲花随处可见。国学泰斗周法高故居隔扇门上的木雕就是一组“永久和谐”图。鲍氏、汪氏后裔居住的古式平房里，中梁两端的拱托之木，是一组摞一组的祥云雕花木托斗拱，而祥云，则是由茎叶相连的莲花构成。莲花图腾无处不在，可谓“眼中惊讶祥云组，耳热何辟数莲频”。

安丰人崇和艺，爱荷花，不但塘栽荷莲藕，庭有荷花缸，还演荷花戏、舞荷花灯、跳荷花舞。民间舞蹈《撬荷花》便是安丰的一朵文艺奇葩。

和俗

安丰北街刘家巷百岁寿星范德富传给儿子一张“九镜一滴水”子孙床，镜子嵌在床框内，四角雕以蝙蝠，寓意四时幸福；空间饰以荷莲，寓意夫妇和联、诸事和顺、家庭和睦，是古镇和谐文化习俗的典型例证。

莲花图案如此频繁地出现在建筑上、家具上，源于安丰人的美好愿望。莲花者，荷花也。荷者，和也。荷莲者，和邻也。青莲者，清廉也。因而安丰镇里，再寻常的院落里，也会看到砖头架上一缸茁壮生长的荷花。安丰的和文化习俗这般如影随形、润物无声地存在和渗透传承着，让人大受触动、大长见识。

由和盐而和邻、和茶、和菜、和艺，形成和风和俗。安丰的和文化根深叶茂、润物沁人，成为安丰这个历史文化名镇的独特内涵，氤氲安丰人民平安生活、薪火相承的道德氛围，至今仍在发挥着潜移默化的正能量，成为安丰安定发展的内生力量。

第二节　长寿文化

明代以来，安丰素有长寿之乡之誉。明嘉靖年间，王艮生前好友、北宋周敦颐（濂溪）先生的后裔、60岁的周源溪，偕幼子周裴去江西豫章书院，拜访王艮的学友邹守益。与王艮的师伯湛若水，学生颜山农、罗念庵等结为学友，切磋王学。三个月后别归安丰时，诸学子敬佩周源溪60岁千里相学，以百岁餐蔗的敬老故事，赠以诗歌文辞送行。国子祭酒邹守益在这卷赠诗的首页题了“百岁餐蔗”四个字。周源溪回到安丰，盖起几间学堂，挂匾名曰“餐蔗堂”，与王艮的学生们交流王学，被人们尊为“淘上之典型”。

周源溪先生没有实现学友们希望他百岁餐蔗的愿望，但他的儿子周少溪则达到了百岁餐蔗的人生佳境。周少溪，名士弘，字正夫，县学的学生、王艮之子王东崖的弟子。王东崖之后，他开馆讲授安丰之学，四方学者慕名来学。周少溪老人授学村居，名重四方，晚年行医，存活无数。他高才高德，欣达百岁生辰，妻子吴老孺人也同登高寿。御史孙之益推荐于朝，建百岁坊，旌曰“百岁人仙”，并赐粟帛。学友鲁楚卿向他赠匾，上书“百岁逸民”。文人逸士们纷纷题诗祝寿，在周源溪先生留下的那本《百岁餐蔗卷》里，续下了《祝少溪翁百岁》等新的诗行。

翻开《两淮盐法志》《淮南中十场志》《东台县志》（民国版）便知，安丰古镇的寿考之星甚多。时至今日，安丰百岁寿星逐年增加。在2002年安丰镇的人口统计中，90岁以上老人233名，百岁以上老人12名。东台市1987年1月—2016年12月的百岁老人名单中，安丰镇有58人，列全市第一。（图23）

2008年，安丰古街103岁的老寿星丁友珍因坚持扫街公益，被评为“十佳文明新事”的标兵之一。颁奖词为：“百岁寿星，马路天使，从生活方式和精神价值两大层面，激活了‘中国历史文化名镇’的重大文化记忆。荡涤的不仅是污泥尘垢，刷醒的何止是清新黎明？世纪老人呼唤人们坚实前行。”2018年，安丰健在的百岁老人有16位，占全镇人口的0.032%，是联合国长寿之乡比例的4倍。

图23　2016年百岁老人图

第三节　民俗文化

由安丰古盐场的地域风情生发出充满盐韵内涵的古镇民俗文化，彰显出与众不同的风格，成为古镇特有的文化标志。

民间舞蹈撬荷花

民间舞蹈“撬荷花”流传于安丰四灶河一带，迄今已有150多年的历史。清朝末年，安徽花鼓灯戏艺人沿途卖艺，落脚在四灶河，当地一班青年学唱花鼓灯戏，结合本地的肩戏和杂技，逐步形成了安丰独有的群众歌舞“撬荷花”。此后，这一带每逢春节便有“撬荷花”参加走村串乡的拜年节庆，一般要演到麦收季节到来方才结束。

“撬荷花”是多人合演的集体舞蹈，演员最少9人，多至17人。由一人扮“花心”，手执大荷花灯，腰扎结实带扣的带子。“荷花瓣”每瓣由男女各一人组成，女演员骑坐于男演员双肩上作撬荷花的杠杆用，双手执两盏小荷花灯。在领唱合唱的水乡小调声中，“花瓣”围“花心”舞转成荷花图形。舞到高潮时，骑在肩上的所有女演员用双脚勾住“花心”，以此为圆心快速旋转。“花瓣”则接连不断地仰卧起坐，将“花心”撬起再放下，好似荷花开合，煞是好看，加之锣鼓奏出高潮，现场气氛十分热烈。由于负重的演员既要负重又要歌舞旋转，坐在肩上的演员既要悬演又要用腿“撬”人，所以当时多为男扮女装。

安丰镇历史上的民间文化活动多姿多彩，有声有色。1936年的新生活灯会，1945年的抗日胜利灯会，1950年、1959年的国庆灯会上，民间舞蹈“撬荷花”都出现了。因“撬荷花”形式独特，表演精彩有趣，群众争相观看，街面挤得水泄不通。1960年后，扬州苏北农学院的一批学生到安丰公社联合大队蹲点实习，见“撬荷花”独树一帜，他处少有，乃向农民学习排演，移植而去。

改革开放以后，全国抢救濒危的民间文化遗产，安丰镇政府组织当时的镇黄梅戏剧团恢复排演了民间舞蹈“撬荷花”。东台市文化馆李志敏老师负责采集指导，在保持原貌的基础上，增加了16人伴舞。1984年12月，“撬荷花”出现在盐城市人民剧场“中国民舞集成江苏苏北片民族民间舞蹈调演”中。“撬荷花”演出进入高潮时，“荷花”旋转生风，花朵大开大合，如杂技之技巧，立体造型胜过平面歌舞，博得满场观众的热烈掌声。参加江苏省调演之后，“撬荷花”得到了国家和省级专家的一致好评和充分肯定。后来经过收集整理，“撬荷花”作为苏北地区独特的民间舞蹈遗产，收入《中国民间舞蹈集成》。

京剧国粹在安丰

京剧以徽班为宗祖，而安丰又是徽商青睐云集之地，京剧国粹便成了安丰人特有的文化追求和艺术素质。

早在1920年，安丰就有了群众自娱自乐的戏曲组织。1949年以后，安丰的文艺活动渐趋活跃。学校教师、街巷骨干、商会麾下的居民店员、扛活挑箩者、开老虎灶的工人，他们只要相聚就能演出京、扬、锡、淮折子戏。随着人们生活条件日益改善，学唱“国剧”的热潮在千年古镇悄然兴起，京剧爱好者大量涌现，逐步形成村村有组，厂厂有队的局面。

1992年11月2日，安丰业余京剧团成立，至今正常参加剧团活动的人员有30多人，并经常深入农村、工厂、学校、敬老院、社区开展演唱活动，丰富了人民群众的文化生活。该团先后参加过国家、省、市、县比赛，均

图24 安丰居民表演京剧

获得了好成绩；受到了其他省、市、县同行，如浙江舟山、山东临清、本省连云港、仪征、扬州、盐城、淮阴、南通等处的邀请，举办联谊演唱会达120多个场次。1995年，该团被中国京剧票友节授予“先进京剧票友之家”。1996—2004年，安丰镇分别被盐城市、东台市人民政府授予“京剧演唱特色之乡”（图24）。

张忠泉、何世德、黄淦、姚坤、魏小燕、何春珠等京剧演唱爱好者切磋技术、弘扬国粹，在为京剧艺术安丰地区的传承发展作出贡献的同时，自己的德艺修养也达到了较高的水平。业余京剧团团长张忠泉曾获江苏省纪念梅兰芳诞辰一百周年业余京剧大奖赛二等奖、江苏省京剧票友大赛“十优名票”等荣誉。

舞龙灯

龙灯（图25），或曰“舞龙”“龙舞”，是中华民族传统的图腾文化。舞龙的节庆文化和体育文化遍布全国各地，安丰的舞龙由于地域经济文化的因素，显出南北交汇的独特色彩。

作为淮南“中十场”之一，经济首富、地理居中的安丰古盐场，地处江淮之间，黄海之滨。上古土著为淮夷，说古淮夷语言，从古淮夷文化，龙舞里便含有上古朴素自然、率性狂放的元素。三国时，曹操令广陵人口北移，东吴复置海陵后居民回

图25　安丰舞龙灯

归，南北文化交融，龙舞中就有了北方荷花与蝴蝶组成的“百叶龙”、板凳拼扎而成的“板凳龙”、边舞边喝酒的“醉龙”等形状要素和舞蹈要素。明朝驱赶苏州居民充实淮场，苏杭五州迁4000户到淮南中十场落户，吴方言融入，吴文化传入，龙舞中又有了南方十二丈长的“纱龙”，装满灯烛、花炮的“龙灯”“火龙”，青红二色雌雄双配的“花环龙”等美学要素。加之东淘安丰自古是繁华商埠，经济条件殷实，文化底蕴丰厚，各行业商会、盐场部所、农业村庄都有龙具和队伍，但凡节庆，便舞龙欢度。

千年古镇安丰不但是一方经济文化宝地，传说还是一块“真龙福地”。北极殿两棵参天无心银杏树是龙角，人参塘是龙眼，月塘湾是龙口，七里长街是龙身，镇南九孔滚水石坝是龙尾，镇中的十三条深巷是龙臂……镇内地貌如龙形，镇中、镇郊建筑物有龙名：水龙居、乌龙巷、白龙池、龙王庙……传说中的北极殿还有“龙脉”。所以安丰的舞龙很有传统性、群众性，街坊农村都有舞龙的队伍。他们一色的短打灯笼裤，麻鞋红绒球，头戴头巾，腰系彩带，雄姿飒爽，气概非凡。

舞龙灯一般在正月初一至正月初五，而后是元宵灯会和九月中旬的龙珍。初一到初四是在农村中活动，初五（财神日子，市面开门营业）在街上活动。先是一人由慢到快乱棒敲锣，发出苍劲粗犷的苍锣声；接着舞珠者登场，他是舞龙的指挥，拿着龙珠上下晃动数次，球中的铜钱儿震动发出嚓嚓响声，好像呼唤着巨龙；随后，巨龙摇头摆尾，紧追龙珠冲出龙宫，舞将起来。

正月十五元宵灯会，无论龙灯走到哪里，只要放一串鞭炮，龙灯便舞动起来。每年九月中旬的龙王会，所有龙灯都来参加祭神活动，迎灯的队伍因此更加壮观了。

元宵节灯会

清末至民国时期，每到正月十五元宵节，古镇安丰就举行一次规模盛大的灯会。

元宵灯会由安丰商会牵头举办。进入正月，商会就筹划着举行灯会了，花担有七八副，龙灯三条，旱船三条。

元宵节傍晚，灯队敲着锣鼓、提着彩灯，从四面八方陆续进入位于镇南海河东盐包场。待明月升起时，锣鼓喧天，鞭炮长鸣。

彩灯队伍按照预定的先后顺序和路线出发，经过海河永兴桥，由东抬盐巷进入大街，与在这里等候的高跷队会合。踩高跷的人身着八仙各显神通漂洋过海的服饰，手持花灯走在队伍的前面。高跷高1—3米，由矮到高依次排列，因街面是石头铺成，不平且滑，故两边有人用长篙相扶，控制拥挤人群并保护彩灯队伍的表演和安全通行。

七里长街，商铺一家连一家，每家店都准备了几十串爆竹。彩灯队走到自家门前，如果老板喜欢那种灯，就点燃一串爆竹“接灯”，这班灯就表演起来。

最受欢迎的是“跳马灯”。先是黑叫驴在吆喝声中跳跃起来，驴身挂的几十个铜铃同时摇响，疾速两个来回，跳回原地，引着八匹骏马在大街上缓缓地腾挪跳跃。每匹马身上也佩挂少量的铜铃，随着八马跳跃，铃声响成一片，热闹非凡。

迎灯乐队的锣鼓装在篷车上，到各家门前，管弦吹奏，云锣小鼓相伴。一时间，《小放牛》《孟姜女》《数花名》《梅花三弄》各种调曲吹奏起来，节奏欢快、旋律优美、曲调悠扬。镇上红白喜事的专业乐队也穿插在迎灯队伍中，演奏古曲和民间小调，韵味怡人。

看到花担（图26）、河蚌舞，各家总要争着接。挑花担的是一对男女青年，男的穿着长衫，女的头饰华丽，身着水红纱衣衫。在乐器的伴奏下，他们唱曲优雅，舞步轻盈。河蚌舞出场时，先由渔夫撒网将河蚌罩入网中，引出河蚌一开一合，欢快舞动，并与渔夫对唱起来。

最为壮观的是龙灯，既要游又要舞，从八卦村、下灶村、联合村、新灶村等各村来的舞龙队，有黄龙、白龙、紫龙、彩龙，色彩各异，气势非凡。龙手们精神抖擞地跳跃腾挪，以独特的舞龙语汇向人们祝福元宵的吉祥。龙头稽首有礼，献一出“白龙拜年”；龙身就地翻腾，摆一个“升腾大发”；左盘右摇，那叫“风调雨顺”；首尾衔接，则是“团团圆圆”。各样的龙依次前行，各显技艺，把宽敞的街道舞得只嫌狭窄，把旁观的人们看

图26　挑花担

得眼花缭乱。

旱船过来了。船夫在花船边上撑船篙子走旱船，姑娘在花船里面用肩带背着旱船，左右摆动，前后摇荡。旱船有乐器伴奏，边舞边唱，说的道白词非常幽默，令人捧腹。唱凤凰、唱麒麟，传统乐曲唱新词，到什么店唱什么词，有时还唱几首迎合老板心意的词，还有关于三国、水浒人物的演唱等，这些唱词通俗易懂，很受欢迎。

花灯队过来了。王老二磨豆腐灯，人推磨转，栩栩如生。七巧灯由七个几何图形的灯组成，能组成各式的吉祥图案，让人赞叹。更多的灯虽没有表演任务，但扎得非常精致，奇姿异彩、各领风骚。狮子灯、明角灯、荷花灯、虾子灯、丰收灯、瓜山灯、水漫金山灯及各种生肖灯令人目不暇接。由于花灯制作精美，表演各具特色，许多人串前跑后，反复观赏，赞叹不已。元宵灯会要过午夜方散。

农家青苗会

青苗会是过去安丰农村祈求五谷丰收、消灾降福、人畜两旺的一种民俗。当时农村一个庄子上有30多户人家，每年夏收栽插后，庄上总要做青苗会，各户轮流主办。主办者预先和各家联系好，再去和唱会的先生商定好做会的时间和相关的预备事项。

青苗会这天，主办户在门口的场上搭起一个台子，两侧挂上长长的纸幔儿，是用红、绿、黄纸剪成花纹接起来的长幅子，主祭土地神和蚱蜢神，祈求保佑农业丰收，并扎纸马轿船焚化，以消灾降福。台子正中设一香案，案上摆放祭品，案前点燃一炷大斗香。台子的对面立一根高杆，顶上悬一盏红灯笼，作为青苗会会场的标志。台子的前面放若干排凳子，以备看会的乡邻坐观。

青苗会以亲朋相聚为主，因此看会的人较多。黄昏时分，人们纷纷进场，人多时连场子外面都坐得满满的。卖糖果香烟、瓜子花生的一些小贩，卖杂货的一些货郎也赶来做生意，一派热闹景象。

晚8时左右，放过鞭炮，唱会就开始了。唱会先生手敲铜锣主唱，唱的内容有《梁祝》《珍珠塔》《罗通扫北》《秦雪梅吊孝》……还有一些关于农业知识方面的唱词。到半夜作短暂休息，大家饮茶吃夜餐，再继续吟唱，直到下半夜结束，众人方才散去。

次日，将红色的太平符贴在各户门上，或用红色水在各家墙壁刷上“太平”字样，寄予太平安宁之意。

第四节　民间故事

安丰民间故事内涵丰富，人物传说、地名传说、药草传说、庙堂传说、民俗传说等，生动有趣地反映古盐场的文化特质。安丰历来重视民间故事的搜集整理和编印出版，已出版《安丰镇民间文学三套集成》《安丰历史文化丛书》，正在筹划编辑出版《安丰民间传说大全》。同时，安丰还广泛开展民间故事演讲、文艺演出等活动，让地方优秀文化得到传承和弘扬。

安丰地名由来

北极真武大帝有一匹白马，是北海龙王的二儿子北极白龙变的。一天，他出宫南游，玩到东海滨的东淘（安丰旧名），时而到白龙池戏水，时而到海滨行风使雨，东淘一带风雨成灾，庄稼被淹没，人畜被淹死，东淘怎么会太平呢!三官大帝得知后，先后来此降妖治水，这三官便是天官尧、地官舜、水官禹。最后禹王识得水妖就是北极真武大帝的一匹白马——北极白龙，它贪玩作恶，不想回宫。

禹王请来了真武大帝，用“镇龙法术”降住了这条白龙。龙被驯服之后，也就不走了，相反做了许多好事。从此东淘成了真龙宝地，年年风调雨顺，家家安居乐业、丰衣足食，东淘从此改名叫“安丰”了。人民为了感谢真武大帝，在场北建成了镇龙寺，塑了真武大帝的神像，供奉在庙内。因为白龙为人民造福，人们又在镇龙寺的西边建起了白马寺，这镇龙寺和白马寺也就是现在的北极殿。

为了纪念三位治水英雄，人们又在镇上建造了三官殿来供尧、舜、禹三帝。

趣话北极殿

古镇安丰北部曾有一座壮观的庙宇，名为“北极殿”。据清嘉庆《东台县志》记载，此庙位于安丰星月桥北，于明万历二年（1574）建造，清乾隆、嘉庆时先后重修。殿内供奉真武大帝，殿外有两寺，东为镇龙寺，西为广福寺。

相传明万历皇帝登基不久，一天早朝，有位大臣出班启奏说，他夜观天象，见紫微星光芒北射，与精通星相之人共同参悟，得知长江以北有一地名曰安丰，系一真龙宝地，可在那里建造行宫（皇帝出巡时居住的地方），并建金銮殿。此举一不违天意，二乃吾皇洪福。万历听奏后龙心大悦，遂降旨着户部差人查勘，火速复奏。经查，安丰乃一古老集镇，水陆交通便利，物阜民丰、盐业兴旺、商贾云集，遂将查勘情况写成奏章，呈请万历皇帝御览。事隔数日，万历御批：“准奏，拨内库银两兴建。”行宫和金銮殿地址择在安丰北郊，按照当时的设计布局，要先在行宫的周围挖一条御河。于是官府征集民工，择日施工。那御河的工程并不大，河的宽度和深度均很有限，负责施工的官员们要求民工们一个月内将河挖好。谁知挖河时出现了怪事，民工们白天出力流汗挑好方土，过了一夜，原来挖好的地方又被土填满了。督工的官差以为是民工们弄鬼，严令加紧开挖，克日完工。可是不管民工们怎么卖力干，一夜过来还是老样子，就像没有挖过的一样。眼看一个月的限期即将来到，官差们也很着急，但百思不得其解，只好加紧督工，民工们稍有懈怠，就受到鞭笞催促，苦不堪言。

一天，工地上来了一个道人，他看到民工们身上鞭痕累累，又在纷纷议论，就走上前去和他们攀谈。民工们向他说了挑河出现的怪现象，苦于没有办法解决。那道人听后笑着说："不难，不难，只要你们按照我说的办法去做，就再也不会被打，河也可以很快挖好。"民工们听他说得一本正经的样子，只好将信将疑地请教他解决问题的办法。那道人说："方法很简单，今晚收工时，你们各人将挖河的大锹插在泥土里，将脚上穿的草鞋挂在锹拐上就行了。"说罢，扬长而去。民工们晚上收工时，抱着试试看的想法，按照道人的说法去做，夜里睡觉时，还有不少人在念叨着，但愿道人的说法能生效才好。第二天天刚亮，民工们就纷纷起来查看。大家到工地上一看，神了，原来挖好的泥土果然没再被填回来，满河里都是红色的水。霎时，工地上人声鼎沸，议论纷纷。这时，那位道人又出现了，慢慢地向工地走来。民工们拥上前，抢着向他下拜道谢。道人听罢哈哈笑道："河成了，你们也可以回家了，可是，这块真龙宝地的风水给破坏了。你们看那河里的水，怎么会是红色的呢？那是龙的血水啊!活龙被你们的大锹给杀死了。如今活龙变成了死龙，还能建造什么行宫和金銮殿？”说完后忽然不见了。民工们疑为神仙，纷纷向空中拜谢。负责施工的官员们得知这一情况后，火速写成奏折，差人日夜兼程赶往京师，呈报万历皇帝。

万历皇帝看到奏折后，思索一番，觉得自己登基不久，应以大局为重，此地既已不宜建造行宫和金銮殿，改建寺庙亦是一大善事。遂召集大臣，说出自己的想法，征求大臣们的意见。大臣们均认为万历皇帝处置此事的方法很好，一齐拜伏金阶，连呼：“吾皇英明!”于是，万历帝降旨，将建造行宫和金銮殿的计划改为建一座寺庙，由华山丛林寺和河南白马寺分别负责建造镇龙寺和广福寺，合称“北极殿”。

北极殿后的人参堂

明朝万历年间，北极殿建成后，周围常出一些神奇怪异之事。相传清初，北极殿的老和尚在庙北边的草地上建了三间茅草屋，冠以雅名“人参堂”，老和尚单独居于其中，外人不知他在做什么。三间草屋为什么叫人参堂呢，老和尚又有什么名堂呢?

据说当时庙北有块空地，长满野草。有一次，庙旁边一家种田人家的孩子到地里挑猪草，在一个地方挖开泥土后，看到下面长着一个胡萝卜大小的东西。小孩子嘴馋，捡起来用衣袖三揩四揩，放在嘴里当萝卜吃下去了，哪晓得回家后鼻子出血不止。父母问他在外面瞎吃的什么东西，这个孩子说吃了个野胡萝卜。父母心想，吃胡萝卜不会这样的，十成数是吃了有毒的什么根，于是急忙领着儿子上街找大夫。走到四圈门南边刘家巷口大街上，遇见中和堂药店的方先生，就请他替儿子看病。方先生把他们爷儿俩领到药店里，问是什么病，父亲就把儿子说的一番话告诉了方先生。方先生说："奇怪呵，鼻子出血是火大，吃个胡萝卜不至于引起这种病。"于是叫他回去拿一个野胡萝卜来看看，弄清原因，才能开方子配药。

父亲领着儿子到那个庙北草地里，又挖了一个黄白色的胡萝卜，交把方先生。方先生一看，暗里吃了一惊，这哪里是野胡萝卜，这是人参啊!方先生也不讲明，只是一面开方子配药给小孩子治病，一面要孩子的父亲把"野胡萝卜"挖出来全部卖给药店。孩子的父亲为了报恩，当天就叫上四五个人一起去挖"野胡萝卜"。哪晓得这件事被庙里的老和尚发现了，一问原因，孩子的父亲也就一长二短地把事情的经过告诉了和尚。和尚一想，方先生是出名的药店老板，中药懂得很多，他大量买这"野胡萝卜"，说明它是一种很名贵的草药，于是就不肯让这些人挑挖。因为这块地是庙产，大家也就不敢再挖。

和尚上街去找方先生，谈妥了双方合作，和尚负责看守、挖卖，方先生的药店负责收购。从此，中和堂药店挂上了“人参堂”的金字牌，生意很好，钱也赚得不少。和尚呢，卖的钱也不瞎用，只拿出一点钱在庙北边草地上盖了三间茅草屋，在里面看人参，其余的钱都用来修理北极殿了。于是，人们就叫和尚住的那三间草屋为人参堂。

何首乌的传说

古时候，安丰崇宁观北边的一块草地上长了一样东西，叫何首乌。何首乌是中草药，据说经常吃能补养人。

庙里的张道士知道何首乌的用处，就挖出来在街上卖，想卖得一些钱来修理道观。但人们不知何首乌的用场，所以没人买。

于是，张道士就编了个故事来“促销”。他跟人讲，每天饭后，总有好几个孩子来庙里玩耍，有男有女，他都认得，都能叫得出哪个是张家的，哪个是李家的。近来又增加了一个女孩儿，非常活泼，惹人欢喜，就是不知道她是哪家的。有一天，张道士问女孩儿：“你是哪家的？”她回答说：“姓何，是何家的。”再问她住在哪里，她就不吱声了。他想，附近没有姓何的人家啊。为了摸清楚她是哪家的，道士就把她喊到屋里，找出一根红头绳，替她扎了两根小辫子，然后让她和其他的孩子继续玩。天黑后，孩子们都回家了，姓何的女孩儿也跟着离开庙。道士跟在后面，看她往哪里走。刚跑到庙后头何首乌藤旁边，这个女孩儿忽然不见踪影。道士感到奇怪，转身回到庙里，拿了一把大锹，在旁边挖呀挖的，不一刻儿挖到一块大何首乌，像个人形状，洗干净后把它供在房间里。道士夜里睡着时，这个姓何的女孩儿来托梦。她笑嘻嘻地说："我是多年的何首乌，修炼成了神。庙后头长的这些何首乌是神药，吃了长生不老，不能随便去卖。"

道士把编的这些话一说，不少人就相信了。一传十，十传百，个个都争着买张道士的何首乌，所以修道观的钱也就凑得差不多了。

西瓜钓狮子

相传北极殿前星月桥下的水中有两只狮子，经常夜出到殿后下灶村的西瓜田里玩瓜。它们将瓜咬下，踢球似的玩将起来，就像民俗画中的狮子盘绣球。种瓜人在看瓜棚中惊醒，悄悄观看，晓得是神狮出游，吉祥有喜，不敢惊动。看那狮子玩到启明星放明，将瓜儿踢回原处，下水而去。而田中西瓜便多出一倍，大出一轮，吃了便精神大好，似添了不少力量。种瓜人摘了瓜上街去卖，供不应求，得了好价钱。

有一年，数十亩西瓜田仅结一瓜，此瓜圆滚翠绿，惹人喜爱。一识宝者路过瓜田旁，见状愿出高价向种瓜人买下。种瓜人问他有什么用，他说用此瓜可钓星月桥下的宝狮。种瓜人又问钓法，识宝者说："先用红绿绒绳缠在宝瓜之上，再用绳把瓜扣好，放在水中，犹如钓乌龟之状。"种瓜人闻之大喜，决意不把瓜卖给识宝者。识宝者走后，种瓜人依所言之法去钓，结果绳断瓜沉，打捞多日，不见西瓜和狮子踪影。

是夜，种瓜人做了一个梦，梦见那狮子带着那瓜来说："这只西瓜是我盘的一只金球，但还没长熟，须等二九一十八天后才能成熟。到时我夜夜来盘球，你便能卖得比去年更多的西瓜钱。怎知你听信谣言，心生歹意。山里的活狮子很难捉到，何况我们神狮子呢?你我和睦相处，双方有利，现在你生了贪心，我也不加害于你，就此别过，今后不要再有坏心了。"种瓜人听了，懊悔不已。

白龙池

安丰中学的西北角有一个池塘叫白龙池，池水色清味甘，胜似江水。关于这个池塘的来历，有一段有趣的传说。

相传很早很早以前，安丰这一带有个大妖怪。这妖怪生得面如磨盘，眼如铜铃，两颗尖如钢叉的獠牙突在嘴外，两个大鼻孔一呼吸，立即会飞沙走石。它整天披头散发，一副吓人的样子。它以前只吃一些小野兽，后来渐渐地吃起了家畜，再后来吃起了人。老妖怪无恶不作，引起很大民愤。镇守在这一带的神马知道这件事后，立即飞上天庭，奏报玉皇大帝。玉皇大帝勃然大怒，派天宫的白龙来制服了这个老妖怪。

事后，玉皇封白龙为“神龙”，封神马为“信使神”，让它们驻守在这一带，保佑老百姓安居乐业。但没过多久，白龙和白马之间闹了起来，它们互相瞧不起，经常发生恶战，使附近的老百姓不得安宁。玉皇大帝就将它们分开来，白马驻到东台北边的一个集镇，白龙还是留驻原地。但这样仍不能制止它们之间的争斗，玉皇大帝只好把白龙召回天庭。白龙虽然上了天，但经常下凡来洗澡，因此它就在安丰东边一块空地上用龙尾扫了一个坑，供自己沐浴游戏。后来人们想起白龙和白马曾经为地方办过好事，就把白马驻守的地方叫“白驹”，把白龙洗澡的那个大塘叫“白龙池”，以作纪念。说来也怪，不管多么干旱，白龙池从没干过。

蛤子洞

安丰古街地藏庵和大圣寺一带，有个奇特的地名——蛤子洞。清朝至民国时期，这里是安丰的一个娱乐广场，玩杂耍的、演杂技的、唱小曲的、卖小吃的、迎庙会的，五花八门，都在此处集散。久而久之，就有了一句口头禅："要看热潮，上蛤子洞。"

传说很久以前，安丰街东边是一片汪洋大海，海边上有个天然港口，叫"木桩港"，渔民祖祖辈辈从这里出海打鱼。潮涨潮落，饱经大海浸润的滩涂成了贝类繁衍的沙滩湿地。一天，东海龙王敖广在龙宫召集虾兵蟹将商议水族兴旺的大计，有贝类仙子出班启奏："小仙访得东瀛部洲木桩港小淘浦（安丰古名）一带乃天生宝地，为吾辈所适，恳望龙君恩准贝类迁徙该处，以光大水族。"龙王闻之开言："准奏，着龟军师监督迁徙。"

贝类仙子依照龙王旨意，聚集贝类家族迁至木桩港海滩安家落户。众贝类吸日月之精华、沾宝地之灵气、吮大海之乳汁，迅速繁衍兴盛，只只茁壮肥硕，尤其是蛤子，又肥又大又多，漫滩遍野尽为蛤蜊王国。远近渔夫络绎不绝前来采拾，一脚踩下去，就能动手捧，恰如一座天然堆积的蛤子仓库，取之不尽，于是渔民们把这里叫作"蛤子洞"。

斗转星移，沧海桑田，随着海滩的逐渐东移，当年的蛤子洞处早已建起范公堤，为阡陌纵横的良田民居所替代，但是蛤子洞的传说却永远流传在古镇安丰。

星月桥下的手印

北极殿庙前有一条大河，河上有一座石头砌的桥，叫“北石桥”。在晚上远远地站在东头看这座桥，架在河上的桥洞便正好是半圆形，从桥上眺望夜空，星星闪烁，月亮低垂，景色如画，所以后来人们又称此桥为“星月桥”。

据老辈人说，清朝嘉庆年间重修星月桥，修了一年多要完工的时候，不晓得是哪位菩萨在天空云游时经过安丰，看到地上在造桥，忽然心血来潮，落下云头，站在远处细看。他觉得这个地方的风水很好，就想来考考修桥的石匠，于是摇身一变成了个老和尚，从南面大路上走过来。走到石桥舌子口，两手合十，嘴里念着“阿弥陀佛”，向修桥的石匠问道：“请问大师傅，我这一刻要上北极殿，桥能不能走?”石匠一看这个老和尚头上没戴帽子，光秃秃的，身上的衣服也不干净，心想这和尚没多大来头，有意讥笑他一下，又不好直说，就打着隐语说：“大和尚，你怎么不能跑，这几天不晓得有多少驴马都过去了，请你放心地过桥吧。”和尚一听石匠把他比成驴马，暗里头骂“秃驴”，心里来了火，就想算计他一下。

老和尚也不吱声，慢慢走到桥顶，暗里头显了一下神威，两脚站在桥顶上，身子用力往下一沉。这力用下去，至少说也有上万斤，顿时，顶上的石板被震动得摇晃起来，把石匠的脸都吓白了。他急忙上前向老和尚磕头，和尚睬也不睬。此事惊动了河神，河神晓得石匠得罪了菩萨，随即伸手托住桥拱的石板，使石板不再晃动。和尚觉察到桥下有神保护，这神祇看来力道也不小，也就不再显威，快步走下桥去，不声不响地走了。

听说河神伸手托桥，当地百姓便争着去看，果然发现石桥圆拱下面的的确确留下了一个大手印。

第五节　东淘“四华”

安丰物华天宝、人杰地灵。在这片热土福地上，心灵手巧的工匠们制作出巧夺天工的精致名品，尤以芙蓉被、鹳羽扇、七纸炉和牌楼等“四华”为最。

芙蓉被

芙蓉被是安丰明清时代的特殊手工工艺品。

芙蓉，是一种灌木或小乔木，开有白色、粉红和红色的花，也叫木芙蓉。芙蓉被或芙蓉衫即是将木芙蓉秆的皮沤成纤维后由手工编织而成的。其色洁白、性轻软、质细腻，薄而透明，如一层薄薄的烟雾，有阵阵沁人的清香，还可以织成花纹、染上颜色。故有“岫烟罗”“霞影纱”等妙曼之名，被誉为“女红之极贵重者”。

《红楼梦》里贾母说芙蓉纱“正经名字叫作‘软烟罗’”。郑板桥的诗友顾于观得到别人送的芙蓉被，作诗致谢说：“因君惠寄芙蓉被，梦在蒹葭秋水间。”文学家孔尚任到东台时，友人送了件芙蓉汗衫给他，他喜不自禁地作《客贻芙蓉衫》诗以记，题下就注云："木芙蓉皮织成者。"

鹳羽扇

孔尚任创作的名剧《桃花扇》，题名的灵感来自于安丰的另一手工艺品——鹳羽扇。

清康熙年间，任职国子监的孔尚任受命协助工部治理淮扬水患，疏浚海口。在此期间，他得到了安丰友人赠送的一把海东鹳羽扇。鹳羽扇是唐氏家传的手艺，用海东鹳鹤翅膀的羽毛精制而成。孔尚任反复把玩，还以《羽扇》为题，赋五律一首，题下注云："安丰场唐氏用海东鹳羽制者甲天下。"诗云："客寄双团扇，名家制不同，剪胎云闪烁，织柄玉玲珑。偶尔投怀内，曾经度海东。谡然松下枕，为我赠清风。"

孔尚任在扇上画几枚粉色桃花，随身携带，创作时观画遐想，剧情如潮。一天大雪纷飞，举人孔尚铉见他手执鹳羽扇写作，不禁赞叹：摇着鹳羽扇，写着《桃花扇》，苦耶，乐耶？

安丰鹳羽扇协助孔尚任完成了名剧《桃花扇》，功不可没。

七纸炉

七纸炉不是纸糊的炉，是铜炉。七纸炉是清代陈氏的独门手艺。

七纸铜炉上置小锡壶，盛满水，烧纸七张，壶水即沸。其炉制作精巧，玲珑实用，通俗而清雅。当时文人商贾手置一炉，随身携带，用以待客，颇为时尚。清代东台诗人周鹤皋曾作竹枝词，专写七纸铜炉云："陈家技艺旧知名，七纸铜炉制最精。午夜呼童烹活火，床头赢得梦魂清。"

诗人们留下的这些诗篇，让人们对安丰的绝艺物华更加心动。鹳羽扇虽因鹳鹤被列为国家珍禽需要保护而无法复制，但鹅羽、鸡羽世间多矣。对于芙蓉衫被、七纸铜炉这些民间传统手工艺绝技，应当让它们"重出江湖"，成为安丰文化的亮点。

牌楼

牌楼亦叫"牌坊"（图27），是中华民族文化的独特景观，古称"绰楔"，孕育于春秋中叶，

图27 牌楼

起初叫“衡门”，隋代称为“里”，唐代称为“坊”。里坊是当时居民的方形居住区，牌坊就是坊区的门楼。久之，人们将楼顶的瑰丽、华表的庄严和阙的气势引进坊门的建造，完成了中国牌坊主要形制的演化——冲天牌坊、屋宇式牌楼、冲天式牌楼的最终形式。

安丰场历史上曾有过明末的烈女牌坊，叶怀友的“百岁坊”，徐咏清之女、傅元美之女的“节孝坊”，十多座牌坊树标扬善，见证着古东淘的民风醇和。如今，屋宇式的牌楼矗立在古街之北口，硕大梁柱精琢细磨，拱板月梁镂刻工丽，斗拱层叠，巍峨壮观。

东淘古南街入口矗立着一座屋宇式牌楼，巍峨壮观，黛光焕发，安惠人文，丰泽天下。立柱楹联：“石街信步，寻几阕明清古韵；闾巷悠游，拂千年唐宋和风”，“市廛换貌，别向长街开胜境；岁月留痕，时从古道觅前踪”。

第四章

明星璀璨耀千秋

明清盐业兴盛繁荣，厚植了安丰的文化底蕴，明星璀璨耀千秋，绽放了独特的人文景观。

第一节　名镇脊梁

500多年来，安丰人才迭出，其中包括享有“南戈北徐（悲鸿）”美誉的著名画家戈湘岚（1904—1964）和世界三大汉语言学家之一的周法高（1915—1994）。

一、明代盐民哲学家王艮

王艮（1483—1541），原名银，字汝止，号心斋，明代泰州安丰场人，泰州学派创始人。

王艮从小就非常聪明，7岁在乡塾读书时，老师提出的问题都难不倒他，但由于家贫，11岁时乡塾也上不起了，就辍学帮助父兄操持家务，并参加烧盐劳动，19岁起常常随父外出从事经商活动。由于他善经营、懂管理、会理财，很快成为富户。王艮23岁在山东经商时得了病，经医生治愈后，他动了以医谋生的念头，从此悉心研究医道。然而，他25岁在山东拜谒孔子等诸庙时，忽然想到：孔子是人，我也是人，孔子可以通过学习成为圣人，我也能。从此树立了一定要成为圣贤的志向。王艮发奋刻苦自学、闭门静思，不分日夜寒暑。正德十五年（1520），王艮38岁时，他不远千里，趋舟赴南昌向江西巡抚王阳明求学。在那期间，王艮除尊师好学、早晚侍候老师外，仍坚持学术研究。王艮坚持独立思考，有疑即问，并自创淮南格物说，倡导“百姓日用即道”的观点。

嘉靖八年（1529），王艮定居安丰场，开始了他自立门户的讲学时期，也开启了泰州学派的创立时期。这一时期，王艮先后著有《格物要旨》《勉仁方》《大成歌》《与南都诸友》《均分草荡议》《王道论》《管徐子直书》等重要文章。王艮一方面继承王学传统，另一方面又汇集四方之学，熔铸新说，从而形成了自己的学术特色和学术风格。

王艮的大成之学吸引了远近许多弟子。为了解决教室不足的问题，他的弟子林东城、御使洪垣（觉山）出钱为王艮新建讲堂三间，东西掖房各五间，构成“东淘精舍”，命名讲堂为“勉仁堂”（图28），供王艮讲学和来访学生居住之用。

图28　王艮纪念馆

由此，王艮的教育规模得到了进一步扩大，泰州学派的影响也越来越大。

二、清代布衣诗人吴嘉纪

吴嘉纪（1618—1684），字宾贤，号野人。吴嘉纪幼年好读书，善作文，学识过人。崇祯十年（1637），20岁时参加州试，为头名秀才。时逢李闯北进，清军南师，明王朝风雨飘摇，顿消求仕之念。清顺治二年（1645），28岁时以诗明志，“男儿自有成名事，何必区区学举业”。从此，隐居安丰，专攻诗作。

吴嘉纪家贫身病，生活困苦。住的草庐墙坏顶破，门窗不全不蔽风雨，周围杂草丛生，野狸黠鼠往来。他自题草庐曰“陋轩”，自号“野人”，一生苦吟作诗，流传至今的有1400多首。其内容主要是寄托个人的爱国情怀，批判清军的残暴罪行，揭露沉重的苛捐杂税，描摹严重的自然灾害，反映悲惨的盐民生活，抒发对劳苦百姓的深切同情。字字血、声声泪的诗篇，反映了他爱国爱民的民族精神，忧国忧民的高尚情操。他的诗，是一部爱国主义的壮歌，民生主义的怒歌，现实主义的悲歌。特别是那些反映盐民生活的诗行，如《绝句》中的“白头灶户低草房，六月煎盐烈火旁。走出门前炎日里，偷闲一刻是乘凉”，殊为耐读。

顺治十六年（1659），避难东台的翰林院检讨、歙县人汪楫（字舟次，号耻人）认识了吴嘉纪，引为知音，将吴嘉纪的《陋轩诗》手稿送给刚从狱中获释到扬州户部右侍郎周亮工（字元亮，号栎园，称栎下先生）。周读后，“心怦怦动”“推为近代第一”，称吴嘉纪“冠于布衣诗人之首”。康熙元年（1662），周亮工将《陋轩诗》刻印行世，在社会上引起了极大的反响。洪亮吉把吴嘉纪与顾炎武相提并论：“偶然落笔动天真，前有宁人后野人。金石气同姜桂气，始知天壤两遗民。”并在《北江诗话》中更为清晰地论述：“顾宁人诗有金石气，吴野人诗有姜桂气，同时名辈虽多，皆未能臻此境地。”诗人王苹赞道：“海上吟诗到白头，菱花满地一沙鸥。一生不出东淘路，自有才名十五州。”

崇祯十一年（1638），吴嘉纪与王睿结婚（图29）。王睿是清初诗坛上杰出的女词人，父亲王

图29　吴嘉纪与王睿

三重是王艮的侄孙，王艮的学术思想对她有深刻的影响。她和丈夫相濡以沫，甘守清贫，吟诗作词，有词集《陋轩词》。清初孔尚任等编校的《众香词》中，收有王睿的两首佳作。康熙二十二年（1683），62岁的王睿在贫困中去世，吴嘉纪悲痛耿郁，写下《哭妻王氏》十二首寄托哀思，一年后亦辞世而去，葬于梁垛场（今东台梁垛镇）开家庄。

三、清代翰林陈宝

陈宝（1835—1879），字百生、白森，其先祖于明初由苏州迁东台后，世居东台安丰场。陈宝出生于书香世家，曾祖父、祖父都是太学生，父亲陈智开是廪膳生。陈宝青少年时读书勤奋，志向远大。中秀才后，曾随泰州兵备道徐晓峰办理里下河团防，因功补赣榆县儒学训导，协助教谕训导学员。陈宝任训导期间循循善诱，深受学员尊敬，教学相长，他自己也学问日进。

清同治六年（1867），陈宝中丁卯科举人，经翰林院侍读袁保恒推荐，入李鸿章幕府帮办军事，协理政务。因其办事干练，才华出众，深受李鸿章器重。同治七年（1868），李鸿章因剿捻有功升协办大学士，加太子太保衔。陈宝因此得益，以军功赏戴花翎，授知州分发湖北。

同治十年（1871）陈宝辞去知州职务，以举人身份参加辛未科会试，中三甲104名进士，钦点翰林院庶吉士。陈宝入翰林院庶常馆学习三年，因成绩优异，散馆后被授翰林院检讨（五品衔），时年39岁，正是才华横溢之时。泰兴人朱铭盘在《翰林院检讨陈君墓表》中言，他“天情开朗，风神夷远”。翰林院是培养、储备政府高官的摇篮，按常理论，陈宝文武双全，飞黄腾达应指日可期。然而，天不假年，病魔夺去了陈宝的生命，时龄仅44岁。

陈宝的著作颇丰，但生前未能成书。宣统二年（1910），他的女婿袁长春将其著作整理付梓，书名《小迦陵馆文集》。书中共收陈宝遗著37篇，其中有关注地方水利建设的《治运河论》《东台防水议》，其文卓识远见；有悼念亲人的《祭令生弟文》《亡妻王夫人诔》，其文凄楚哀伤，催人泪下；还有记述同治五年（1855）东台知县欧阳锴事迹的衍织之碑碑文（碑文拓片现藏于东台市志办），其文颂扬了欧阳锴指导东台农民种棉织布，改善民生的业绩。陈宝的《小迦陵馆文集》为后世留下了很有价值的文献资料，尚有后人编辑的《陈百生遗集》存世。吉光片羽，弥足珍贵。

四、安丰场大使

抗潮献身汤伯儒

汤伯儒（1825—1849），清道光二十八年（1848）任安丰场大使，年方24岁。

次年夏天大雨成灾，海河水位高于堤西数尺。是夜盐坝崩溃，咸水大量西灌，将淹没堤西庄稼。汤伯儒闻讯立即召集民工打坝。由于水势汹涌，装泥土的蒲包全都被水冲走，坝难打。汤伯儒即到最危险的水边带头接包填坝，民工们见状奋力垒坝，不到半天时间，决口“合龙”。汤场长完工前巡察坝情时，失足坠水，被洪水吞没。

安丰民众痛惜年轻场长因公献身，在盐坝北边建庙悼念、立碑铭记。庙名延生庵，寓意汤伯儒延生永垂。塑像身穿单衣服，头带草凉帽，就像汤场长生前模样。安丰场流传儿歌道：“小郎庙，小郎庙。小郎菩萨身穿单衣裳，小郎菩萨带的草凉帽。”让汤伯儒的年轻形象和为民精神四处传扬。

挂靴留名张仁芬

图30 张仁芬

张仁芬（1868—1935），湖北人，清宣统元年任安丰场大使（图30）。上任前，他乔装在安丰私访一个多月，了解百姓的饥寒现状，摸清了几个恶霸地痞的情况。

就任后，他派衙役把恶霸地痞们召集到场公署，通知他们出资办粥厂放寒衣赈济百姓。那几个家伙不买账，竟大摇大摆扬长而去。第二天，张场长出签，派人押来几个民愤极大的恶霸，视罪恶轻重分别戴上50斤和25斤重的大枷，跪在署门外示众。衙役班头上前说情，被重打二十大板，革去班头职务。见此，百姓们拍手称快，恶棍们纷纷外逃。那班头串通恶霸家属上告，没有得逞，张场长威名大振。

在任三年，张场长始终体恤民情，做了不少好事。每年除夕夜，他都让差役背着一布袋铜钱，随他沿途察看，见有人家揭不开锅，无法过年时，就从窗口把钱串抛过去，帮其将就过年。有次，他抛钱过多失手打坏了人家的锅子。第二天，他赔了人家一口新锅。人们这才知道除夕夜家里出现的钱是场长送的。

张场长任满，全场百姓苦留不住，只得沿街设香台为他送行，请他脱下一只靴子留作纪念。事后，人们把这只靴子放在玻璃盒中，挂在安丰场署的四圈门上，以示彰念。民国初年，靴子不知去向，但挂靴的那座门墙仍在。

五、民间出版家袁承业

袁承业（1866—1928），字伯勤，号厚基，晚年号“砚寿老人”，清监生，民国县督学，东台安丰人。袁承业自幼熟读经史，聪慧明达，及长致力于实用之学。16岁时只身前往安丰镇上的北火星庙栖身，帮助方丈抄写经文谋生。次年在庙内偶得医书一卷，内载医治痨病秘方72种。研读之后，兴趣愈浓，自此攻读医术，挂牌行医。时火星庙旁的王氏家祠，就是王艮讲学的东淘精舍旧址。袁承业边行医，边利用串行于乡村、来往于士绅之间的便利，广泛搜集王艮遗著，潜心研读王氏学说。几年时间，几乎读遍王氏遗作。光绪十六年（1891），适逢王艮逝世350周年，王氏学说的崇拜者纷纷撰文纪念，袁承业乃毅然弃医从儒，转而收集研究王艮著作和地方文献。应友人之约，搜集整理编纂成《东台文征》《东台诗征》《季大来先生遗稿》《东台县茅山志》《李自成传》等书。

1905年，袁承业加入了蔡元培组建的以反对封建专制、建立共和国为宗旨的光复会。1911年11月7日，袁承业与东台县商会总理丁立棠等人迎接从武汉回来的杨葆寅，共谋光复东台的行动计划。并到扬州军府请来革命军，于11月10日粉碎了驻东台清军缉私定字副营管带刘凤朝欲抢劫典当行、烧县署、洗劫东台城的阴谋。11月13日，东台宣告光复后，成立东台民政公署，杨葆寅任民政公署长，袁承业任县督学。

1911年为纪念王艮逝世370周年，袁承业出版了《王心斋先生集》，1912年，刻印《王心斋弟子师承表》《东淘十一子姓氏考》《张士诚传》等。1913—1916年出版《陋轩、江村诗合集》《吴野人先生年谱》等吴嘉纪的著作，并刻印了王艮的平民学生韩乐吾先生遗集，为兴化县后人保存了韩氏著作。1917—1918年，刻印《王心斋先生全集》。1921—1927年，刻印《淮南王氏三贤全书》，为后人系统研究王艮学说奠定基础，成为研究泰州学派的珍贵文献。

民国10年（1921），东台修志局成立，拟续修《东台县志》，延请东台著名士绅、曾任翰林院编修的夏寅官为主纂，袁承业等被聘为协纂。

52岁的袁承业不顾浑身病痛，根据《大清会典全图》《江宁舆图》，步行跑遍了东台辖地，南至栟茶、掘港（今属如东县）、角斜（今属海安县），北至大中集（今属大丰市），西至溱潼（今属姜堰市），东至一马平川的黄海滩，详细勘察，精心绘制出一幅《东台县全境图》，测得全县面积5125平方里，是东台有史以来的第一次县域地图地名实录，图中详细标注了东台县各地的标准位置，为各地绘制标准地图提供了实地勘测方法。

六、高等数学家杨冰

杨冰（1871—1913），字冷仙，世居安丰南芗市禾家庄。自幼博览群书，聪颖过人，名闻乡里。光绪十四年（1888）秋，杨冰的堂兄杨馥（字梦梅）送他一本《西学大成》，他阅后觉得数学作用重大，遂决心弃文钻研数学。其先后师从东台戈右衡，留日数学家崔朝庆，数学功底日有所长。1897年，杨冰以扬州府试第一的成绩赴南京参加顺天府考，未及第，后入四川协助文考评卷一年，本可被保荐为县官，但由于他决心钻研数学，遂婉言谢绝。

在江阴南菁书院求学期间，杨冰比较系统地学习了代数、几何和微积分，并悉心研究中国古代数学名著《周髀算经》和《九章算术》。其数学成绩全校第一，受到中日教师的一致好评，并派他任斋长（相当于今天的助教）。由于闻名遐迩，他被江南商业学堂、江南师范学堂聘为数学教师。

光绪三十一年（1905），杨冰受聘到江南高等学堂（南京大学前身）任教微积分。不久，被派往日本考察学制，经赵伯先介绍，与孙中山、黄兴等革命先驱交往甚密，深受孙中山先生器重。

杨冰一直以振兴民族教育为己任。他先后执教于江南高等学堂、三江示范学堂、江南优级师范学堂，并被聘到济南高校（今山东大学）任教一年。任教之余，杨冰潜心研究数学，先后撰写了《三角讲义》《球面三角法》《原函数》《微分应用题解》《植树九行图》等专业论著，并在权威学术期刊《数学杂志》上发表《救救数学》《微积分补代数未尽说》等著名论文。

杨冰认为，要使民族振兴，必先振兴教育，所以，他积极创办学堂，让更多的人接受教化。他先后在扬州、泰州、东台创办学会，并在东台倡建东台县中学堂和东台县师范学堂，杨冰兼任两校名誉监督（名誉校长）。宣统三年（1911），杨冰在南京筹建南京公学，并任校长，受到南京各界人士的称赞。

图31　杨冰的墓表

民国2年（1913），杨冰当选为江苏省首届议员，并计划于20日参加国会众议员决选。其时，他突发疾病，经医治无效去世，年仅41岁。南京各界惊悉噩耗后，深表哀痛，上海、山东、日本等地名流纷纷致电吊唁。孙中山先生特地命人为其敬献花圈，大学者黄炎培为其特撰祭文，吴稚晖为其撰写了墓表。（图31）

七、得道高僧

应慈高僧

图32 应慈高僧

应慈法师（1873—1965）（图32），东台安丰镇人（祖籍安徽），俗姓余，名铎，号振卿，出身盐商家庭，排行老四。光绪十二年（1896）朝礼普陀山遇明性法师削发出家，法名应慈，别号华严座主。1900年在宁波天童寺依敬安禅师受具足戒。先后到镇江金山江天寺、扬州高旻寺、常州天宁寺从师名僧学习禅法，得法于常州天宁禅寺住持冶开禅师，光绪三十二年（1916年）后与师兄月霞同至江苏僧侣师范学堂、安庆迎江寺、武昌通宝寺、汉阳归元寺等古庙名刹游学，探究华严教法，1925年应常州清凉寺静波和尚之邀请，创办清凉神学院讲授《华严经》，民国28年（1939年）与蒋维乔、李园净居士发起组织《华严经疏钞》编印会，校刊出版全书。抗日战争时期在上海、南京等地弘法讲经，日伪多次逼其出面主持法会，均遭拒绝。晚年安居上海慈云寺。1954年当选上海市第一届人大代表、上海市佛教协会名誉会长，1957年被推为中国佛教协会副会长，1962年改任名誉会长，兼任中国佛学院副院长。著述有《般若波罗蜜多心经浅说》《正法眼藏》《八识规矩颂略解》等流传于世。1965年8月31日凌晨二时许圆寂该寺，享年92岁。墓塔在常熟兴福寺后山塔院。

苇舫高僧

苇舫法师（1908—1969），安丰人，亦名乘愿，俗名朱荣昌。13岁出家东台慧福寺。18岁受戒宝华山，先后就读于常熟兴福寺佛学院、北平柏林佛学院、武昌佛学院，后赴重庆汉藏教理院任教。1937年，他从重庆回到武昌担任《海潮音》月刊编辑。后来，苇舫法师转至重庆，在罗汉寺坚持编辑刊物。民国29年（1940）随太虚大师组织佛教访问团访问印度、锡兰（今斯里兰卡）、新加坡、越南、缅甸等国。抗战胜利后，奉太虚大师之命赴武昌恢复佛学院和世界佛学图书馆。此后，先后担任镇江金山江天寺监院及庐山大林寺住持。民国38年（1949）3月，上海玉佛寺住持苇一和尚退隐，特推举苇舫法师继任住持。1949年后，苇舫法师任上海抗美援朝佛教分会主任委员。1954年，参加饶嘉措大师率领的中国佛教代表团赴缅甸访问，1969年圆寂。1979年12月，常熟虞山兴福寺塔院建塔纪念苇舫法师。

真禅高僧

真禅高僧（1916—1995）（图33），安丰人，俗名王鹤树，排行老三，父亲王俊禄做木工手艺，母亲是刘永贞。真禅6岁（1921）时，到安丰镇堤东净土庵（今南沈灶东刘村）依净修法师为师剃度出家，取名真禅，字昌悟，15岁离开净土庵，去南京宝华山隆昌寺依德浩和尚受具足戒。

图33　真禅高僧

真禅法师1934年任上海玉佛寺堂主代副寺。1945年任苏州祇园寺监院，其后主持狮林寺，又任镇江竹林寺监院。1946年任江苏省佛协理事，同时接任竹林寺住持兼竹林佛学院院长。1952年任玉佛寺信众部副主任。1953年任上海玉佛寺寺务处副主任兼知客，同年任上海佛教协会理事。1956年任玉佛寺寺务处主任。1959年任玉佛寺后堂代监院，上海佛协常务理事。1979年任上海市佛协会长，玉佛寺住持。后任静安古寺、开封大相国寺方丈、中国佛教协会副会长。1986年任上海市残疾人福利基金会名誉理事。1987年任上海海外联谊会理事会理事，是年聘为常州市天宁寺“座元和尚”。1988年受聘上海市儿童福利院名誉院长，10月兼任静安寺住持。1989年受聘上海市静安区残疾人福利基金会名誉理事。1990年受聘上海市佛协居士林导师。1994年在安丰南都天庙旧址上修建净土庵。

真禅高僧一生著述较多，有《天竺纪行》《西藏朝圣记》《无量寿经浅释》《九华山弘法讲经记》《真禅禅藻集》《大方广佛华严经普贤行愿品浅释》《玄奘求法之路巡礼记》《心经讲义》《玉佛丈室集》等。

八、儒医书家吴佛缘

吴佛缘（1891—1979），原名大慈，后改名今，字佛缘，别署苐园，亦作复元，东台安丰人。系著名爱国布衣诗人吴嘉纪第八世孙。吴佛缘学医，先随其兄吴越人，后从杨恭甫，出师后，曾任南京民立中学校医、南京医药联合研究会会员，苏州警察厅卫生科员、南京文治学院院医。

民国14年（1925），吴返乡设塾兼行医，为桑梓人民服务。他很注重职业道德，作风正派，谦虚随和，受到群众信赖与尊重。民国30年（1941），日军侵占安丰后，他目睹日伪推行奴化教育，遂暂停行医，与同乡杜润五合作，设景贤学塾四年（传授古文书法、数理化），使数以百计的青年免受奴化教育之害。新中国成立后，任安丰新灶民办小学教师、丰南乡民办医务所新灶门诊室中医师。1957年，《江苏中医》杂志社聘其为特约撰述员。1961年被聘为东台县中医院医师、县中医专修班教师。1963年被聘为东台县志编委会编委，征考文史，显其所长。历任东台县第二、第三、第四、第五届县人民代表大会代表。

佛缘一生精医学典籍，擅诗词、书法，尤工行楷，在社会上结下了不少翰墨缘。书法作品曾选送江苏省书法展览会，得到高度评价。其著作有《茀园诗草》等。1979年4月病逝，终年88岁。

九、画马圣手戈湘岚

戈湘岚（1904—1964）（图34），名绍荃，字湘岚，自号“东亭居士”，别署赏神骏斋主，东台安丰人。生前系民主同盟盟员，中国艺术家协会会员，上海画院画师，是现代著名的国画家，他以画马闻名于世，曾有“北徐（悲鸿）南戈（湘岚）”的美誉。

图34　戈湘岚

戈湘岚幼年聪慧过人，先入东台县安丰市立国民小学学习，又以优异的成绩毕业于江苏省南通代用示范附属小学。平素酷爱绘画，尤爱画马。20岁到上海投考上海美专，以画马为试卷，名列考生第一。入学后，受到刘海粟、汪亚尘等名师的器重与教诲，画技大有长进。后因家贫中途休学。1920年考进上海商务印书馆图画部当练习生，从事实用美术设计工作。他设计的熊猫、金鱼、金龙等热水瓶壳图案、商标驰名遐迩；设计的“马利牌”绘画资料商标，至今仍为我国名牌商标，沿用了半个多世纪。

在“商务”的几年实践为他从事实用美术打下了坚实的基础。1930年左右，他与何公超、董受之等合创“上海学友图画社”，专门编印发行教科书及教育挂图，开我国教育挂图事业的先河。工作之余，他努力学画，在师友的鼓励下，尝试兴办了个人画展，首次亮相，便轰动了上海画坛。著名国画大师张大千、张善子、吴湖帆、赵叔儒等观后，赞赏不已，勖勉有加。便是在这次个展上，他拜在赵叔儒先生门下，成为入室弟子。在叔儒大师的言传身教下，湘岚先生摹拟唐代曹霸、韩干，宋代李公麟，元代赵孟頫、赵仲穆，清代任伯年及意大利籍画师郎世宁等各家技法，并吸收了岭南画派高剑父、高奇峰等人的长处，融会贯通，自成一格。他又广交名流，博采众长，与马公愚、邓散木、来楚生、江寒汀等成为莫逆之交。

"一·二八"淞沪战争爆发后，日军侵犯闸北，中国军民强烈抵抗。戈湘岚基于爱国热情，编绘出版了大量抗日题材的教育挂图，受到海内外人士的欢迎。

湘岚先生毕生画了无数骏马图，早期有一个显著特色：不配鞍羁，不带笼头，无拘无束，自由自在。徜徉于山林、幽谷、清泉、浓荫之间，或立、或卧、或嘶、或腾，皆骏丽异常，超凡脱俗，具有浓郁的民俗风格。（图35）

图35　戈湘岚画作

抗日战争结束后，内战硝烟又起。湘岚先生所期望的民主和平又成泡影，便陷入极大的苦闷之中。他在这时期所画的马，虽仍然流连于青山绿水之中，隽秀闲逸，但在画风上已有所改变，试图用粗厚、凝重、苍劲、流动的笔法来表现骏马奋争飞扬的神采。

1946年夏天，郭沫若在香港曾为戈湘岚的一幅矫健欲纵的骏马图题写了诗跋："风尘踏破谁知己，赋性由来是不羁。独立苍茫思颇牧，无从长塞试霜蹄。”湘岚先生今之曹霸也。所画名贵一时，此幅尤见功力，纸上如闻风砂之声。

1949年后的16年，湘岚在出版社工作，加入了中国美术家协会，受聘为上海国画院画师，意气风发地创作了很多好作品。

湘岚曾担任大型辞书编委插图组组长。他主张《辞海》是中国的，要具有中国的特色和风格。《辞海》出版后，形成了有别于国外百科全书的白描插图特色，在世界辞林中独树一帜，深受海内外读者的好评。

1964年初，上海豫园修葺小刀会遗址“点春堂”告竣，湘岚应邀为“白马会”作巨幅国画《白马图》。他以圣洁无瑕的白马讴歌敢于与内外顽敌英勇斗争的小刀会起义壮士，形象生动，笔力雄健，立意深远，为他一生中不可多得的佳作。可惜因辛劳过度，他的胆结石旧病复发，医治无效病故，享年六十有一。

十、国学泰斗周法高

周法高（1915—1994），字子范，号汉堂，名法高，取“法高祖礼门公”之意。

周法高1929年毕业于东台县安丰小学，后复读于南京中学附设实验小学，一学期后考取江苏省立南京中学春季班。1939年于南京国立中央大学中国文学系毕业，1941年获北京大学文科研究所硕士学位，任中研院史语所二组助理研究员，1945年任南京史语所副研究员。1948年去台湾，兼任台湾大学中文系副教授。1964年任台湾“中央”研究院院士。1956—1985年，先后在美国哈佛大学、华盛顿州立大学、耶鲁大学、日本京都大学、香港中文大学任访问学者、客座教授、讲座教授、系主任、文学院院长。1977年退休。1985年被聘为东海大学中文研究所讲座教授，1989年被中国声韵学会聘为荣誉会员，1990年被中国文字学会授予终身成就奖。1994年6月25日因病逝世。

周法高先生毕生从事汉语文字、语言学研究，在语言、语法、训诂文字方面成绩卓著，先后出版专著9部，学术论文数十篇，主编《金文诂林》16册，共计数十万字，台湾当局在悼词中尊其为语言学界的泰山北斗。他与北京大学王力教授、瑞典汉语言学家高本汉教授同为世界公认的三大汉语学家。

十一、辛亥三将军

讨逆名将周甘尘

周甘尘（1889—1923），本姓丁，名朝宗，又名绍忠，字甘尘，因过继给周姓母舅，故姓周。少时读书，聪明多智，塾师认为周是可造之才，将来应成为国家的干城，怎可甘为世俗之尘。商得家长的同意，便更其名为干城了。

周甘尘先后就读于江南陆军小学、入陆军第八中学，成绩皆冠全班。他目睹清廷日趋腐败，与兄丁铭忠、堂弟丁国忠相约秘密加入同盟会，秘密联络同志，献身民主革命。武昌起义之初，与丁国忠策动清长江海军配合革命军起义，与清兵张勋部激战数日，后因得到浙沪联军支援，迫使张部狼狈逃往徐州。民国2年（1913年）6月，孙中山发动二次革命，兴师讨伐袁世凯。7月，周随黄兴到南京建立讨袁总司令部，宣告南京独立，力战袁世凯所属冯国璋、张勋部，被柏文蔚军长任命为少校军械科长。后张勋再度占领南京，大捕国民党人，他暂避家乡安丰，不久即去保定军校求学。学业结束后，周甘尘于民国6年（1917）赴广州投奔孙中山。

1921年10月，大元帅孙中山驻节桂林，与广东、广西、贵州军队计划北伐，江西军总司令李烈钧响应，特在江西设立军官学校，慕周甘尘之名，聘周为教育长。周任职后，制订教育纲要和训练计划，要求严格，以身作则，学员畏服。结业典礼时，孙中山大元帅亲临参加，对周评价甚高。周由上校参谋升为参谋处长。为清除江西境内北洋军阀势力，赣军开赴全州时，周任全军行军总指挥。军队到达南雄，周亲至前线视察，日夜数次。赣南平定后，周部又直取万安。周甘尘的陆军学校同学顾祝同坐镇赣州，与周遥相呼应，配合作战，屡立战功。

1922年6月，广东省长兼粤军总司令陈炯明勾结英帝国主义和北洋军阀在广州发动武装兵变，围攻大元帅府。孙中山先生立即组织部队讨伐。其时，适逢周甘尘父亲病故，他请假归安丰处理后事。军长许崇智奉命回广东，组织力量讨伐陈炯明。许崇智连续致电周甘尘，召其速至广东。周到许处，被派往许所属之王懋功旅任参谋长。周运筹谋划，积极讨陈，主张先稳定西江根据地，再举兵讨伐陈炯明。（图36）

图36　周甘尘讨伐陈炯明图

次年2月，王懋功部推进至龙岩，直趋潮州、汕头。为断陈炯明后援，许崇智派周甘尘去汕头，策动汕头海军独立。周至汕头，首先揭穿海军温司令企图率舰北上投奔北洋军阀的阴谋，然后晓以大义，使海军不为陈炯明所利用。他通过驱逐陈部的洪兆麟平定了潮州、汕头局势。5月，许派周赴广州晋谒孙大元帅，孙派周与滇贵将领共商出师计划。孙见周才识不凡，拟留周为大本营高级参谋，周因前线军事紧要，仍请效力前线，深受孙先生赞许。6月，陈炯明部林虎连陷兴梅、潮州，汕头岌岌可危。许崇智令王懋功、周甘尘克日兴师。周率部由揭阳进汤坑，与敌搏战于猴子洞、蛤蟆洞三昼夜，大破叛军，乘胜追至言岭关。虽积劳失音，仍不稍懈，分取兴林、兴梅等地，后又将嘉应所属五县收复。陈炯明部侦知周甘尘部后方空虚，便乘虚而入揭阳，进而竭力进攻畲坑，周仅以一团之兵与五倍之敌，鏖战言岭关两昼夜，方转危为安。

7月，许崇智部驻扎柏塘，博罗空虚，王懋功率第三旅前往驻守，而由周甘尘代理第一旅旅长，留守柏塘，以阻河源之敌。后周又率部收复淡水，毙敌千余。从此，东江形势渐趋稳定，南江也相对安定，此役对平乱关系极大，周甘尘擢任讨陈前敌总指挥。

7月27日，周甘尘为歼灭陈部，下令全军进击，下午进至白茫花，敌人纷纷溃退。周率卫士登高侦察敌情，不料陈部伏兵忽起，枪弹密集，卫士中弹仆地，周数处负伤，伤势严重，仍镇静如常，叮嘱身旁副官孙伯文下令全军全力进击。孙伯文见其流血过多，力劝周下火线。周仍坚留阵地，后创痛难以支持，神智不清，方被部属送回淡水地区医院抢救，继而转送香港某医院抢救。终因弹中要害，流血过多，抢救无效，于8月8日上午逝世。年仅34岁。

孙中山惊闻噩耗，悲痛异常，特追赠周为少将旅长，除令广东省省长廖仲恺抚恤其家属外，派王懋功、朱华（实秋，东台富安人）、张治中等赴香港治丧，料理后事，并开会隆重追悼。后又派专员与周堂弟丁国忠护送灵柩至安丰，葬于下灶。东台人士为纪念其功绩，景仰其精神，特在其墓附近建“先烈周甘尘祠”（今下灶小学旁），惜于抗日战争被毁。孙大元帅悼念周甘尘时，曾在挽幛上题书“痛失干城”，表达了孙中山先生对周甘尘的倚重与哀思。

炮兵指挥曾鲁

曾鲁（1874—1931），字效先，东台安丰人。清保定陆军速成学堂毕业。光绪三十一年（1905）响应孙中山革命号召，参加同盟会，宣统三年（1911）任职于南京新军炮标，并参加辛亥革命起义。南京光复战役中，曾鲁因在固镇以一炮轰溃张勋辫子军（民国成立后张部士兵仍保留辫子，俗称“辫子军”）而名噪军内外（图37）。

曾鲁经历二次革命至北伐革命，20余年戎马生

图37　曾鲁炮轰辫子军图

涯，屡立战功。历任陆军第三师炮兵团长兼北伐军炮兵指挥官，中华革命党讨逆军湖北总司令部参谋长，中国国民党广州特设办事处干事，非常大总统府、大元帅府大本营上校副官，江汉宣抚使署少将参谋长兼代秘书长，国民政府副官处主任，邳县县长，海陆空军总司令部开封行营咨议兼讨逆军第十二路总指挥部参议等职。因积劳成疾，于1931年病逝，终年57岁。殁时南京国民政府要人致挽联甚多，其中有一联曰："百身悼良士，一冥向中原。"足证将军革命精神之不朽。国民革命军总司令部秘书长邵力子在挽联中写道："努力革命，垂数十年，忠贞卓绝，矢志不迁，参赞戎机，擘划周全，制胜千里，执锐披坚……"曾鲁生前奔走革命，清廉自矢，身后家无余财，母老家贫，境况萧条，善后事宜均由友人集资矜恤。

水师将领丁国忠

丁国忠（1890—1969），字亚山，东台安丰人，系周甘尘之弟。清末南京水师学堂毕业。后赴美国深造，并学习潜艇技术。回国后，任长江舰队楚谦舰副管带、管带（舰长）。秘密加入同盟会。辛亥（1911）武昌起义时，周甘尘、丁国忠参与驻南京秣陵关新编陆军第九师师长徐绍桢所部33、34团，于11月上旬同时起义，与清军张勋部队激战。由于双方力量悬殊，战败撤至镇江。至下旬得到江浙沪联军增援，击败清军，月底光复南京（图38）。后袁世凯窃国，民国2年（1913）11月，南京被袁部冯国璋占据。丁国忠愤懑离开南京往江西，后赴广东，在孙中山国民革命政府任海军司令部参谋。民国11年（1922）6月，陈炯明在广州与

图38　丁国忠光复南京图

北洋军阀勾结，发动武装叛乱。周甘尘奉大元帅孙中山之命，担任讨陈前敌总指挥，丁国忠亦参加驱陈，迫使叛军逃往广东东北部一隅之地。民国17年（1928）北伐战争中，丁国忠作为国民政府代表之一接手北洋海军舰队。他历任江苏水警第四区（上海吴淞）区长、海军司令部上校参议。抗日战争爆发后，丁国忠一度任田家镇要塞炮台台长。曾多次指挥舰队与日舰力战，阻止敌方西进。抗战胜利后，丁国忠任海军教导总部上校教官、海军总司令部上校法制委员，1948年随军舰驻定海。1949年，丁国忠随军去台湾，迁至海军少将，1969年病逝。

第二节　名人留踪

安丰盐业的发展催生了灿烂的盐文化，安丰自然成为区域文化中心，众多历史名人在这方文化圣土上留下了宝贵的踪迹。

范仲淹命名安丰场

安丰成陆于新石器时代，西汉先民煮盐入史，唐初建制，初名东淘亭场。但因濒临大海，潮灾不断，盐业极不稳定，民不聊生。宋天圣二年（1024）秋，时任西溪盐仓监的范仲淹（989—1052，字希文）修成捍海堰（古称范公堤），遂将

图39 范仲淹主题馆

东淘命名安丰，寄民安物丰之愿。时至今日，安丰人永记范公恩德，在安丰专建范仲淹主题馆（图39），并将其作党员干部廉政教育场所用。

明清君主关注安丰

明天启二年（1622），明熹宗宋由校批准安丰建百岁牌坊，表彰安丰百岁人瑞周少溪，匾曰“百岁人仙”。清雍正元年（1723），经雍正皇帝批准，安盐每包价白银一钱二分二厘。乾隆五年（1740）、三十年（1765），乾隆皇帝命名安丰所产之盐为安盐，两度为安盐定价，每斤16文铜钱。国家定价可稳定盐业交易。上赐荣誉，这在两淮所有盐场中可谓独一无二。安丰徽商鲍致远先祖及其本人乐善好施，慈孝传家，乾隆皇帝下江南时，褒奖鲍氏家族，留下御笔，“慈孝天下无双里，衮绣江南第一乡”。

李春芳与下灶贡豆

李春芳（1510—1584），字子实，号石麓，扬州兴化人，明嘉靖十年（1531），21岁的李春芳考中举人，中举后勤学不倦。

其时正是王艮在安丰月塘湾东淘精舍讲授“百姓日用即道”之时，李春芳专程登门向王艮“请益”求学，相互交流十分投机，王艮用下灶蚕豆招待李春芳。李春芳对下灶蚕豆的粒大饱满、肉质鲜嫩尤为赞赏。后来，李春芳仕途顺利。嘉靖二十六年（1547）擢进士第一，以鼎甲第一成丁未科状元，隆庆二年（1568）年当内阁首辅，遂将下灶蚕豆推举御膳专用。从此，下灶大蚕豆成为明清时期的贡豆。

孔尚任与安丰

孔尚任（1648—1718），字聘之，又字季重，号东塘（一为东堂），山东曲阜人，孔子64代孙。

孔尚任幼年家贫，在山东曲阜县西北40里的石门山几间破屋中苦读成才，是清初诗人、戏曲作家，为名篇《桃花扇》作者。

康熙二十四年（1685），清圣祖玄烨南巡至曲阜祭孔，孔尚任被选为御前讲经人员，在康熙面前讲《大学》，引康熙观赏孔林“圣迹”，得皇帝赏识，破格授为国子监博士，赴京就任。次年，孔尚任跟随工部右侍郎孙在丰到淮扬治水。

在治水的两三年中，他数次到安丰场搜寻、阅读王艮、吴嘉纪遗著，获得了大量前明素材，得到了安丰友人唐先生赠送的一把海东鹳羽扇，并以此扇为灵感，完成了名剧《桃花扇》。

孔尚任在安丰还得到了安丰名艺术品芙蓉衫，读到了吴嘉纪妻子王睿的词作。王睿是清初诗坛上杰出的女词人，有词集《陋轩词》。孔尚任读后，如获至宝，遂将王睿的两首佳作收进了他编校的《众香词》中，传至今日。

郑板桥与大悲庵

扬州八怪之一的郑板桥（1736—1795），清贫一世，耿直一生，有“诗书画三绝，茶酒狗肉三好”之说。他20岁中了秀才后，家道中落，曾在兴化设馆蒙童，上扬州卖画谋生，怎奈灾荒连年，无童可蒙，书画未名，无人问津。生活困顿中，又逢30岁丧父，不几年丧子。岁月蹉跎，36岁的郑板桥到兴化天宁寺避债读书。

正好安丰大悲庵主持老僧法树去天宁寺方丈处切磋佛学，观板桥诗画不俗，就邀请郑板桥来安丰随喜。板桥久闻东淘海东夫子王心斋之名，就随法树和尚到大悲庵读王艮之书，目览口诵之间，不禁大为快慰。

大悲庵位于串场河边，短墙内几间寺房，小桥边一丛深树，东边两间灶房煮粗茶淡饭，西边两扇柴门通菜畦瓜棚，鸦归鸟鸣，更显寂静，道是佛家清修之所，实是读书务农佳境。法树和尚每天上午一壶茶、下午一壶茶，用木质茶焐子焐了，让板桥自斟自饮；然后自己去念佛经、做农活、煮茶饭；晚间有暇，乃泡茶秉烛，与板桥谈诗论画。（图40）

图40　郑板桥与法树

板桥喝那茶，竟是上等茅尖，加自制上年菊花，用天水烹茶冲成，温温地喝来，茶香与菊香，沁入五脏六腑，将一腔的烦恼冲个干干净净。再读王艮那出为帝王师、处为天下师的高论，每每拍案叫妙。兴之所至，游览大悲庵的庙宇田园，不禁心如明镜，气定神逸，泼墨挥毫，口吟手书，给大悲庵厨门圃门各赠一联：

一帘春雨瓢儿菜　满架秋风扁豆花（圃门联）

白菜青盐粯子饭　瓦壶天水菊花茶（厨门联）

大悲庵的待客菊花茶，不但让郑板桥留下了生动朴实、意境幽远的佳作名联，更让郑板桥对大悲庵铭记于心。

乾隆十八年（1753）春天，61岁的郑板桥从山东潍县罢官回兴化，三年后过访安丰时，又到大悲庵寻访故友。其时大悲庵已修葺一新，法树和尚已故，禹平和尚接任主持。郑板桥听了禹平和尚所述的别后往事后，思故人之苦修礼佛，感后人之和善乐施，乃应禹平和尚之请，欣然命笔，写下《重修大悲庵碑记》：

惟无乃能造天下之有，而有不能造有也。惟虚乃能受天下之实，而实不能受实也。大悲庵之建，即是道矣。

顺治、康熙年间，有僧悟明，笃念佛，无尘事。舟中人延而供之，师勿乐，复买地于安丰之周家桥西，结茅编篱，仅蔽风雨，经声达户外，人愈敬之。致木数百头，砖瓦数十万，夜叩其门，转咒不应。破门入，师辞曰："何处不可施舍，独此耶？"众皆赧去。遂以茅屋终厥身，是始开山，已了得一个空字。

师病，人问所托。曰：吾兄含珠、可珠，来重砌佛殿，又造韦陀，殿缘未至，强为之，累债无算，圆寂时无舍饭也。其徒法树克成师志，法树有徒禹平，又善成法树之志，相与忍饥，耐寒作苦，捐口食，积锱铢，几年尽完夙逋，更作西厢别殿，而此庵遂构成全局。

乾隆十七年壬申，有歙县徐公肇成司马，思玉与法善，患其清修，爰发大愿。谓佛殿湫隘，宜崇兴之，鸠工庀材，费钱六百金。群助者半，已捐者半，过半更捐置田、园田一顷，以供香火。而大悲庵遂巍然勋然矣。

夫徐公之乐善喜施，皆法公之道行有以感之也。法公之经营修造，皆其徒禹公之辛勤劳苦克成厥志也。法公师弟之创修，又赖其先悟公暨舍公之茅屋不葺，藜藿自甘，苦志以终，而乃食报于子孙之克振兴也。由今溯昔，大悲庵之自无而之有，自虚而之实，岂非无能造有、虚能受实之明效大验哉。

岁二十一年丙子春，余罢官过安丰，时法公已殁，其徒禹公请以碑记，歙邑徐公司马为之勒石，名斯庵之始末焉。

以上碑记石刻于大悲庵天王殿照壁之上。

陈毅北都天庙作抗日演讲

安丰北都天庙，位于华佗庙东、文昌宫北、东义阡寺（东寺庙）西北、蛤蟆山南。

北都天庙始建于乾隆年间（1736—1795），为夏如川和王嘉英所建。清光绪十四年（1889），安丰肉业、渔业和其他商业进行捐修。前排楼上下各六间，外加一个凸出天井中的古戏楼，戏台向北有两角翼然翘起，戏台顶状如国公帽。前楼西三间中间是山门，与戏楼贯通。

1940年10月18日，陈毅曾在北都天庙戏楼上召开各界人士代表大会，并作有关“苏北摩擦真相”的报告，进行抗日动员。与会代表安丰高等小学校长、私立德馨女子学校校长钱乾当场带头捐献100条棉被给抗大五分校，其后又陆续为新四军后方医院提供药品。陈毅得知后说：“钱乾雪中送炭，是为共产党人的挚友。”如今北都天庙已成为爱国主义教育基地。（图41）

图41　陈毅动员钱乾抗日

第五章

古韵今风特色游

安丰镇充分挖掘古盐场文化元素，打造盐韵文化品牌，对明清古街实施保护修缮，恢复了“古风古韵、古色古香”的风貌，成为充分展示古韵今风的特色文化旅游景观区。

第一节　留住乡愁

安丰镇遵循“修旧如旧”的原则，对古街进行修缮保护，建设东淘水街，提升镇村环境，建成新镇区“四纵六横”道路网络体系和主要河流沿河风光带、水景公园、绿色长廊等20多处景观节点。

安丰力图打造发展文化旅游重要节点，实现文化与产业深度融合。保护修缮明清七里石板长街、九坝十三巷、鲍氏大楼等历史建筑景观；复建、新建盐课司、范仲淹主题馆、郑板桥生活馆、王艮纪念馆、吴氏家祠、戈湘岚纪念馆等。

图42　安丰古街

修缮后的安丰古街（图42）全长900米，汇聚了安丰的历史人文、民俗风物、特色小吃等旅游元素，盐韵文化旅游风生水起，人气商气显著提升，百年老店，特别是与居民日常生活密切相关的老店铺相继开张，“老店重开，新挂招牌”，生意十分红火。

谷香斋脆饼店

谷香斋脆饼用料考究，做工精细，具有酥甜香脆、美味可口的独特风格。谷香斋脆饼选用上等精白面粉为主料，手工制成。经微火烘烤，表面黄而不焦，干吃和用开水泡了吃皆可。干吃松脆香酥，用开水泡了吃则鲜甜适口。因其香味形俱佳、香甜酥脆、纯正可口、健脾开胃、老幼皆宜，且价廉物美，花上10元钱就拎上20只，颇受游客欢迎。（图43）

图43　老字号谷香斋食品

古街草炉烧饼店

古街草炉烧饼店名品“龙虎斗”烧饼（图44）。“龙虎斗”系甜味和咸味以一种玄妙的比例混合在一张饼中，咬上一口，甜咸的味道在你口中碰撞、厮打、纠缠在一起，直至最后的水乳交融。你的味蕾在甜咸之间交替，带来的味觉和愉悦只有吃过的人才知道。

烧饼什么季节用什么包芯，大有讲究。新菜油上市时，菜油做的花焦烧饼香喷喷的；八月半一过，有萝卜丝烧饼；春节以后，是野菜烧饼；野菜场过去了，就做葱油、豆沙、韭菜烧饼。

老主顾们来定做草炉烧饼，有大葱油糖做的“龙虎斗”斜角饼，又甜又咸；有生板油插酥的薄脆饼，香软可口。师傅在面饼上涂一层糖稀，撒上

图44　龙虎斗烧饼

芝麻，探身炉膛，把面饼贴到炉壁上。师傅在炉膛里填上草木灰，焐上炉盖，抬起头来，笑嘻嘻地跟顾客东一句西一句地聊天，好一会儿才回过头去铲出烧饼。

安丰鱼汤面馆

东台鱼汤面与安丰古街有着历史渊源，据传为清乾隆年间一位御膳厨师所创。而今安丰鱼汤面馆对鱼汤面的制作进行了进一步继承和创新，熬制的鱼汤黏稠似乳，滴点成珠，汤白味醇，鲜美香浓。鱼汤中含有大量的钙质、胶质，温脾健胃，补虚疗肠。经常食用，益处无穷，省内外游客不少都是冲着安丰鱼汤面而来的（图45）。

图45　东台鱼汤面馆

春和号布鞋店

2016年11月，央视记者来到安丰古街，一下子看中了春和号布鞋店（图46），惊叹春和布鞋制作精良，穿着舒服。春和布鞋店能因人制作，顾客来了，为其制作鞋样，选择面料，定做千层底，精工上鞋，而后用木楦撑开，包顾客穿着舒适。该店布鞋有口皆碑，供不应求。

吴氏木杆秤店

安丰吴氏木杆秤店制秤已传五代以上，该店制

图46　百年老字号布鞋坊（春和号布鞋店）

木杆秤工艺流程为：采购圆柱形红木木杆→刨光、整直（要刨四次，整直二次）→磨光→嵌铜→上天平、定位、钻孔→上称花（点数）→再磨光→上染料→抛光亮。由于吴氏传人制作精巧细腻、工序合理严谨、做工精湛独特、匠心独运，凝聚着木杆秤传人的聪明智慧，且难以为现代技术所替代，故成为极其宝贵的传统技艺遗存。吴氏木杆秤店同样是古镇游客的一大看点。

永余弹棉花铺

弹棉花，又称“弹棉”“弹棉絮”“弹花”，是中国传统手工艺之一，我国早在元代即有此业，时至今日，操此行业者虽然不多，但50岁以上的人群相信其工艺质量，青年游客则惊异于其工艺。每日弹棉花铺一开门，弹花匠肖永余左手持四尺长木棉弹弓，右手敲动木槌，随着弦声响引来一拨游客，眼见一片片花飞，最后把一堆棉花压成一条整整齐齐的被褥，仿佛就是一种魔术，令人惊叹。

庆仁堂大药房

到了清代，药业以中草药为主，品种达数百种之多。安丰的中药材通常由镇江、泰州、南通、上海的药材行购进。较著名的药材行有种善堂、养和堂、庆仁堂等。庆仁堂在安丰古街重新开张后，药店聘名中医坐诊，望、闻、问、切，细询病因，开方售药，有时还代为煎作，深受患者欢迎。

旺旺大酒店

旺旺大酒店（图47）位于古街牌坊入口处，已有150年以上历史，初名“一品香”，新中国成立

图47　旺旺大酒店

初期，酒店因位于大坝巷头，又被称作大坝饭店，随着古街的修缮和开发利用，饮食生意日隆，遂更名旺旺大酒店。旺旺大酒店早上经营鱼汤面，中午、晚上开设酒席，选用地方土特名品、绿色食品，尤以下灶贡豆、生炒鳝丝闻名。

第二节　盐韵景观

安丰古街整体为盐城市文物保护单位，古街区内同时拥有省文物保护单位鲍氏大院和市级文物保护单位吴氏家祠、袁承业宅、东岳宫。近年，安丰对古街修缮保护，对省、市文保单位进一步修缮完善，同时新建圣土和润广场、中华壶文化博物馆、吉宝轩、宋代名相范仲淹主题馆、清代扬州八怪郑板桥生活馆、东淘古戏台、和润坊等新景点，创成江苏省特色景观旅游名镇，安丰古街获评江苏省十大旅游新景观。

圣土和韵广场

过了牌楼，是风格别致的复合式照壁，正面书有“圣土和韵”四个隶书大字（图48）。“圣土”表明安丰是一方圣洁净土 ，“和韵”揭示古镇文化的核心是和谐。照壁题记则把安丰盐场的历史演进作了精炼的概述。照壁题记凝练隽永：

图48　安丰复合式照壁正面

兹方圣土，西汉入史，唐初建置，始名东淘。宋范仲淹率修捍海堰，御潮灾，解民悬，遂更名安丰。时至明清，盐业日隆，雄居淮南中十场之冠。农耕兴、市贸荣，八方商贾辐辏，镇气霞蔚云蒸。七里长街，壮观九坝十三巷七十二庙堂，佛香缭绕，和象泰昌。历史名贤迭出，进士举人逾百。泰州学派始祖王心斋，盐民诗圣吴野人，大德高僧应慈、真禅，诸界翘楚竞芳。思承前而践启后，方今举镇数万英众，更唱新声。

短短百余字，浓缩千年历史，攫取文化精髓，为人们探访古街、寻觅前踪导引指向。

人们走在这样历经时光打磨、风雨侵蚀而凹凸不平的街面上，踩踏历史的平平仄仄，感受悠长的时空。

中华壶文化博物馆

中华壶文化博物馆陈列着中国收藏家协会会员周旭辉先生所收藏的2000多把各类壶具中的10大类、150多把精品，该馆集收藏、把玩为一体，融知识、情趣于一炉。

吉宝轩

吉宝轩（图49）内藏安丰古玩收藏爱好者吉志才积数年千余件收藏文物精品，从入门处的石墩、客厅内的条案、天井中的王艮墓碑、汉白玉照壁到内厅的明清家具、古玩字画、博古架上的晋代瓷器，藏品丰富多彩，本土文化色彩浓厚，带你穿越数千年时空。

图49　吉宝轩

范仲淹主题馆

自宋代名相范仲淹率修捍海埝，将东淘古盐场更名安丰后，安丰人逐步过上民安物丰的好日子。范仲淹主体馆突出先贤“先天下之忧而忧，后天下之乐而乐”之精神，以范仲淹“临海观涛”“上疏修堤”“撒糠筑堤”“率众护堤”四个篇章歌颂范公，激励今人。

郑板桥生活馆

扬州八怪之一的郑板桥经历康熙秀才、雍正举人、乾隆进士，50岁起，先后任山东范县、潍县知县，一生清廉，心系民众。这位清贫饱学之士曾两度寓居安丰大悲庵，不仅与大悲庵两任住持法树、禹平结成患难之交，还为古盐场留下《重修大悲庵

图50 郑板桥生活馆

记》及“一帘春雨瓢儿菜，满架秋风扁豆花”“白菜青盐粯子饭，瓦壶天水菊花茶”的门联墨宝。（图50）

东淘古戏台

“东淘古戏台”（图51）位于安丰盐课司广场。下层是化妆室，上层供演出用，有前台后台，左右乐厢。台前挑出双翘檐，两山尖遥踞鸱吻，屋顶上巧饰垂檐，龙口设“八仙过海”木雕。连同上下二层的窗格图案，彰显出古镇的文化元素。

东淘古戏台是个露天大戏台，群众文艺团可在此演出。安丰盐场文化活动本源在民间，学校教师，居委会骨干，复员转业军人，工商店员，挑箩扛活、开老虎灶的工人，各种人物聚于一处，不仅演出京、扬、锡、淮折子戏，还能上演全场歌

图51 古街古戏台前

剧《白毛女》。他们建立过蜚声四方的文艺宣传队，创办过名噪一时的黄梅戏剧团，组建过名扬周县的镇业余京剧团，培养了一批诗歌、散文、戏剧文学作者，使安丰古戏台好戏连台，古镇文化开拓新局面。

善行馆

2018年3月13日晚八时， 中央电视台国际频道《记住乡愁》第四季专题节目聚焦千年盐韵古镇安丰，安丰人以善立人的精神吸引了世人的目光。为此，安丰决定建立善行馆（图52），让“以善立人”成为安丰人的行为规范。

善行馆位于安丰镇建设居委会，突出三个板块的内容。第一部分“古镇善风”，重点介绍范仲淹修缮范公堤，同时种下了善的种子;安丰平民哲学

图52 安丰善行馆

家王艮以“以善立人”制定了安丰乡规。第二部分“先贤善举”，着重介绍元代吴显卿投资挖善井和明代王家令独资造石板街的事迹，成为今人学习的楷模。第三部分“今人善行”，着力介绍安丰人弘扬社会主义核心价值观，通过评选安丰好人形成的良好社会效果。近年来安丰镇出现了一大批当代善行典范，如全国模范调解员周兆喜、江苏好人常义凤、盐城好人吴雨芳，以及乔方平、诸葛兰英、雷芳等东台好人。

善行馆展示形式丰富，内容真实感人，能常态化开展教育实践活动，影响力大、带动性强，引导人们崇善、行善、扬善。

第三节　旅游路线

安丰古街经过保护性修缮和开发性利用，旅游交通环境和游览设施设备得到改善和完善，景区秩序管理得以规范，古盐场历史文化得以弘扬。这条充满古风古韵的老街让游客真正体验到名镇的“古味”，成为苏北乃至全省、全国盐韵文化的重要景点。加之安丰开发了红色旅游、宗教旅游、乡村旅游资源，形成了全域旅游的新格局，融入了省际旅游路线，年接待游客近百万人次。（图53、54）

图53　安丰游客服务中心夜景

图54　安丰游客中心近景

盐场遗存游

古盐场遗存旅游是安丰古街旅游的主线，盐场沿革历史是安丰古街旅游的脉络。安丰古街如同一部千年盐场史卷，那斑驳的麻石板、久远的青砖黛瓦就是史卷古老的扉页，刻录着古镇沧桑的故事，演绎着一章章岁月的往事。走进安丰古街，则进入古盐场发展的历史隧道，令游人惊叹安丰盐场的历史辉煌。明清时期，安丰七里长街拥有九坝十三巷七十二庙堂千家店铺，街西串场河直达长江，街东海河通往盐仓，两河之上架设桥梁十六座，全场拥有三关六码头六大盐仓。如今，安丰古街修缮如初，再现昔日商贸繁荣景象，令游人对盐韵文化特色小镇有直观的感觉。

主题展馆游

古街区内拥有明代盐课司、范仲淹主题馆、郑板桥生活馆、鲍氏大楼、吴氏家祠、戈湘岚故居、华夏烟标馆、吉宝轩、袁承业宅、中华壶文化博物馆、稠州钱庄和观珍古瓷馆等凸显古盐场盐业生产、盐场管理、盐商生活、盐韵文化的主题展馆，畅游其间，游客可感受古盐场特有的精神文化内涵。

宗教文化游

安丰宗教文化旅游资源独特，形成了宗教文化游线路。从街北古北极殿出发，可以看到全国寺庙单体最大的大雄宝殿。向南可以游览北都天庙、地藏庵，1940年陈毅曾在北都天庙作抗日动员报告，创办苏北抗大五分校。接着是曾任全国佛协副会长、上海玉佛寺主持真禅大和尚捐建的净土庵，而后可瞻仰镇南郑板桥曾经寓居的大悲庵。

特色体验游

昔日安丰古街商贾繁荣，百业兴旺。现今古街百年老店重新开张，其中庆仁堂中药店、东淘旗韵、草炉烧饼店、花灯、初恋的味道、东淘鱼汤面、虎头鞋手工坊、王老五钻石画、贝壳工艺品专卖、古街珠宝店、古街茶韵、雅士园家居、古街驿站、下灶贡豆、古街灯饰、华林书屋、东淘茶楼、东淘古阁、谷香斋食品店、微乐生活馆、东淘尚友居、春和老式布鞋、古韵印象、宝缮香莊、范文公酒坊、百菌健堂、丝绸制品专卖、古镇特色小吃等50余家老字号、特色商铺繁荣兴

图55　旅游纪念品销售

旺。游客置身安丰古街，不仅能体验到盐韵小镇的生活氛围，品尝到地方小吃，还能购买精致的旅游纪念品。（图55）

田园风光游

安丰古盐场文化旅游与乡村田园风光旅游融为一体（图56）。游客走出历史古街，很快就进入新镇区水绿风情生态滨河风光带，继而走进国贸农庄、红安生态园、宝园循环水养殖生态农业景点，可在此体验农耕作业、品尝农家土菜、乐享乡间民宿，也是别有一番风情乐趣。

图56　安丰镇南自然景观

参考书目

1. 嘉靖两淮盐法志编纂委员会：《嘉靖两淮盐法志》，北京，方志出版社，2010。
2.《淮南中十场志》(第四册)，东台，东台地方志办公室存手抄本。
3. 戴章编著：《东台市志》，杭州，浙江科技出版社，1994。
4. 林子秋、邹其传、王延龙、唐冰编著：《纪念王艮逝世450周年学术研讨会论文集》，1991。
5. 邵开泉、汪国璠编著：《江苏县邑风物丛书：东台》，南京，江苏人民出版社，1989。
6. 高大云编著：《东台县安丰人民公社社志》，不详，1981。
7. 秦兆桢、徐植、黄德茂编著：《盐城市县概览》，盐城市地方志办公室，1988。
8. 方健编著：《范仲淹评传》，南京，南京大学出版社，2001。
9. 东台市政协文史办编著：《东台市小城镇发展史

料》，不详，1995。

10. 朱兆龙、顾礼学等编著：《中国历史文化名镇·安丰历史文化丛书（安丰风流）》，南京，南京出版社，2009。
11. 朱兆龙、顾礼学等编著：《中国历史文化名镇·安丰历史文化丛书（安丰风采）》，南京，南京出版社，2009。
12. 程可石、顾礼学等编著：《中国历史文化名镇·安丰历史文化丛书（安丰风雅）》，南京，南京出版社，2009。
13. 朱兆龙、顾礼学等编著：《中国历史文化名镇·安丰历史文化丛书（安丰风物）》，南京，南京出版社，2009。
14. 朱兆龙、顾礼学等编著：《中国历史文化名镇·安丰历史文化丛书（安丰风情）》，南京，南京出版社，2009。
15. 朱兆龙编著：《中国历史文化名镇·安丰历史文化丛书（安丰风韵）》，南京，南京出版社，2009。
16. 方诗铭编著：《中国历史纪年表》，上海，上海辞书出版社，1980。
17. 徐步云编著：《吴嘉纪陋轩诗选》，北京，中华诗词出版社，2004。
18. 东台地方志办公室编著：《东台掌故》，北京，中华书局，2001。
19. 关再兴编著：《二京庐杂钞》，香港，香港天马图书有限公司，2002。

后　记

本书是一本通俗读物、休闲读物，它不同于一般的学术著作。我们力图运用通俗易懂、生动活泼的语言，全面介绍安丰镇的精彩之处，引领读者前往旅游观光。在那里可游、可看、可怀古、可探幽，可选购富有特色的物产，也可领略当地的民俗风情。

此书的编写，得到了江苏省文化厅、江苏省文物局、江苏人民出版社、江苏省文化艺术研究院的支持和指导；得到了曾为安丰搜集整理出版中国历史文化名镇画册和系列丛书的阮仪三教授及朱兆龙、杨小锋、朱亮亮、吴锡华、高晓明、张宏春等诸多专家学者们的悉心指点；管世俊、马晓平为本书统稿；书中引用了部分已经出版或发表过的关于当地历史、文化、艺术、科学的专著、志书、文章等相关资料；我们还得到了热心宣传“精彩江苏·魅力安丰”的相关群体和个人的大力支持，在此表示诚挚的谢意。

由于编者水平所限，加之时间较为紧迫，书中难免会出现疏漏和不足，敬请读者批评指正。

编　者

2018年11月